屏幕上的童年

数字媒体
如何影响脑智发展

顾小清◎著

Children on screen:
digital media and developing mind

华东师范大学出版社
·上海·

图书在版编目(CIP)数据

屏幕上的童年:数字媒体如何影响脑智发展/顾小清著.
—上海:华东师范大学出版社,2021
ISBN 978-7-5760-1737-3

Ⅰ.①屏… Ⅱ.①顾… Ⅲ.①数字技术-影响-儿童-智力开发-研究 Ⅳ.①G610

中国版本图书馆 CIP 数据核字(2021)第 090183 号

屏幕上的童年:数字媒体如何影响脑智发展

著　　者　顾小清
责任编辑　孙　婷　王聪聪
特约审读　王瑞安
责任校对　林文君　时东明
装帧设计　卢晓红

出版发行　华东师范大学出版社
社　　址　上海市中山北路 3663 号　邮编 200062
网　　址　www.ecnupress.com.cn
电　　话　021-60821666　行政传真 021-62572105
客服电话　021-62865537　门市(邮购)电话 021-62869887
地　　址　上海市中山北路 3663 号华东师范大学校内先锋路口
网　　店　http://hdsdcbs.tmall.com

印 刷 者　浙江临安曙光印务有限公司
开　　本　787×1092　16 开
印　　张　12
字　　数　203 千字
版　　次　2021 年 9 月第 1 版
印　　次　2021 年 9 月第 1 次
书　　号　ISBN 978-7-5760-1737-3
定　　价　68.00 元

出版人　王　焰

(如发现本版图书有印订质量问题,请寄回本社客服中心调换或电话 021-62865537 联系)

目录

第1章 伴随屏幕成长的一代 —— 1

    1.1 新的社会环境——屏幕文化   4
    1.2 屏幕文化渗透下的儿童青少年媒体使用现状   8
    1.3 屏幕文化对儿童青少年的影响   11
    1.4 屏幕文化笼罩下的阴影   14
    本章小结   17

第2章 媒体与学习：从单向、交互到沉浸 —— 19

    2.1 屏幕媒体的发展脉络：从单向、交互到沉浸   21
    2.2 屏幕媒体的发展促使新的学习模式产生   22
    2.3 屏幕媒体对学习产生的影响   27
    本章小结   37

第3章 媒体所丰富的学习环境 —— 39

    3.1 丰富学习环境的媒体技术   41
    3.2 媒体丰富的学习环境对学习过程的影响   48
    3.3 媒体丰富的学习环境对学习者的影响   52
    本章小结   57

第 4 章 碎片化式的信息获取：所影响的感觉、知觉和基础认知过程 —— 59

- 4.1 屏幕文化促生学习的碎片化　62
- 4.2 碎片化信息所影响的感觉和知觉　66
- 4.3 碎片化信息所影响的注意力和记忆力　68
- 本章小结　72

第 5 章 具身化的媒体环境：媒体所影响的创造力 —— 75

- 5.1 具身化媒体概述及其与儿童青少年非认知发展　78
- 5.2 具身媒体能否为儿童青少年提供想象力的虚拟环境？　83
- 5.3 具身媒体中的"移情"　86
- 5.4 具身化的媒体环境挑战着儿童青少年的抽象能力　88
- 本章小结　91

第 6 章 媒体化的交互：延伸的学习共同体 —— 93

- 6.1 交互式数字媒体支持的在线学习共同体　96
- 6.2 在线交互学习共同体和学习动机　101
- 6.3 在线交互学习共同体和青少年认知发展　109
- 本章小结　116

第 7 章 虚拟与模拟：屏幕上的江湖 —— 119

- 7.1 屏幕连接的新世界　121
- 7.2 屏幕上的江湖影响的自我认同　125
- 7.3 在屏幕江湖中建立社会认同　130
- 本章小结　133

第 8 章　屏幕干预：从训练脑到增强脑 —————————— 135

  8.1 脑的可塑性 138
  8.2 训练脑的干预技术和方法 142
  8.3 增强脑的干预环境 149
  本章小结 156

参考文献 ——————————————————————— 157

第 1 章

伴随屏幕成长的一代

过去的几十年间,数字化、网络化和智能化技术的普及形成了一种被称为"屏幕文化"(Chamberlin,2007)的新的社会环境。在屏幕文化环境中,各种新媒体产品已经成为儿童和青少年日常生活中必不可少的组成部分。伴随媒体技术成长的当代儿童和青少年在认知、态度及行为习惯等许多方面不同于他们的上一代。他们崇尚自由、追求个性化、喜欢交谈、讨厌说教、擅于协作、习惯同时处理多项任务等,重塑了学校的形式和功能(Tapscott,2009)。

屏幕媒体对儿童和青少年认识世界、认识自我以及认识社会的影响之深,是历史上任何一种已认知媒体都不可企及的。屏幕文化的出现,被视为社会环境的一种突变。这一环境的突变,又以何种方式与基因——环境——脑——行为产生交互作用?这一新的交互作用在儿童和青少年脑智发育的脑机制层面是否产生影响?如果是,在哪些层面产生影响?通过对这些影响的深入理解,如何开发合适的教育干预技术,促进数字化、网络化、智能化环境下的儿童和青少年脑智发育?随着屏幕媒体频繁地出现在儿童和青少年的生活与学习环境中,对这些问题的解答能够帮助人们更好地理解儿童和青少年脑智发育的全貌。从现实需求的角度,随着我国经济的稳步发展,屏幕文化也成为我国儿童和青少年成长环境的一种全新景观。为此,以屏幕文化作为一种全新环境变量,赋予儿童和青少年脑智发育研究新的内涵是很有必要的。

当前关注屏幕媒体与儿童、青少年发展关系的多为儿童医学和心理学领域专家,其次还有社会学、教育学等学科领域专家,神经科学以及脑科学领域专家只占少数。2016年之前,大部分儿童医学领域专家通过实验研究、调查研究和观察研究来探讨儿童(特别是婴幼儿)的媒体使用程度和范围,分析背景媒体与幼儿的适应关系以及对亲子互动的影响,研究家长的媒体使用行为与亲子间的互动关系,调查媒体使用对认知发展的影响(Radesky et al.,2014;Radesky et al.,2015;Tomopoulos et al.,2014)。儿童医学领域的研究者们最关注的是屏幕媒体对婴幼儿和儿童青少年的身体健康产生的影响(Bel-Serrat et al.,2013;Cox et al.,2012;Wen,Baur,Rissel,Xu &

Simpson，2014；Wethington，Pan & Sherry，2013）。心理学领域的专家除了使用实验研究、观察研究和调查研究外，还使用了纵向研究方法，对屏幕媒体影响下的亲子交互、背景媒体影响下的幼儿游戏行为、儿童使用屏幕媒体进行学习的心理过程以及屏幕媒体的使用程度对儿童学习行为(如读写能力、语言学习)和认知的影响等方面进行了详细的探析(Ennemoser & Schneider，2007；Mendelsohn et al.，2010)。近两年，儿童医学和心理学领域研究者开始对以往的实证研究进行综述分析，试图找到儿童和青少年使用屏幕媒体的一般模式，总结屏幕媒体对婴幼儿和青少年在身体健康和心理发展等方面的普遍影响关系（Andersona & Subrahmanyamb，2017；Chassiakos，Radesky，Christakis，Moreno & Cross，2016；Courage，2018；Felt & Robb，2016）。

在教育学之教育技术学领域，研究者们关注的是屏幕媒体如何改变教学和学习方式，以及如何利用屏幕媒体促进教与学(Bennett，Maton & Kervin，2010；Roseberry，Hirshpasek & Golinkoff，2014)；特殊教育领域研究如何利用媒体技术弥补残障儿童在生活和学习上的不足(Odom et al.，2015)；社会学领域的研究者们比较关注社会中的人有哪些方面受到屏幕媒体的影响、人们如何处理媒体带来的多任务环境(Chesley，2014)；专注计算机技术的研究者们关心的是当前的移动屏幕设备带给儿童青少年的游戏化体验以及如何促进人机和谐关系(Kim，2015)。

1.1 新的社会环境——屏幕文化

近几年，科技已经逐渐融入了人们的生活，以至于我们不再注意它在日常生活中扮演的角色。电视，以及更广泛意义上的屏幕设备，在我们的文化中无处不在，进而形成了一种新的社会环境——屏幕文化(Chamberlin，2007)。

像电影、电视这种单向式屏幕媒体，通常是由一个成熟的生产来源(如电影工作室、电视网络或编辑人员)在外部创造、面向个人或更广泛的受众，用于被动观看或阅读。相比之下，新型数字媒体包括交互式和沉浸式媒体，是一种用户既可以消费也可以积极地创造内容的媒体形式，比如应用程序、多玩家视频游戏、优兔(YouTube)视频或微博视频等。当今伴随屏幕文化成长起来的儿童和青少年能够无缝地、自然地将被动观看与媒体交互融合在一起，使得单向式和互动/社交媒体(交互式)之间的区别和界限变得模糊或难以察觉(Chassiakos et al.，2016)。例如，视频游戏通常代表了单向式媒体与交互式媒体的融合,用户可以"居住于"游戏生成的虚拟世界中,并与其他地区的用户互动,视频游戏的参与者甚至可以协同工作,共同创造虚拟世界。因此,数字媒体可以提供一种参与式体验,让儿童和青少年的媒体体验变得高度个性化。屏幕文化无处不在,甚至影响到了 0—2 岁婴幼儿的成长发育环境,同时,儿童和青少年的家庭环境和学校环境也在屏幕文化的浸润下发生了显著的变化。

1.1.1 屏幕使用的低龄化

一些面向婴幼儿家长的大规模调查报告显示,大多数婴儿在大约 3 个月大的时候就开始看一些电视节目或媒体视频,90% 的幼儿在 2 岁的时候就已经成为了固定的电视节目观众,每天需要 1 到 2 个小时观看电视节目。常识媒体(Common Sense Media) (Courage, 2018)的最新报告显示,2 岁以下的儿童看传统电视节目和 DVD 视频的时间稍微地减少了(每天约 56 分钟),但在其他移动设备上花费的时间逐渐增多。尽管在调查中家长们报告说孩子观看的大部分视频节目是针对儿童的,但是婴幼儿平均每天都会接触大约 5.5 小时的"背景"电视,这些作为"背景"的电视节目通常是给年龄较大的儿童或成年人看的。由此可知,屏幕文化已经渗入了婴幼儿的生活环境。

新型数字媒体的出现使得人们又一次质疑和解答屏幕媒体影响幼儿认知和社会发展的问题。平板电脑、智能手机、电子书籍、游戏机以及 AR 技术等,这些交互式媒体和沉浸式媒体具有更便捷的移动和触屏功能,在儿童日常生活中比电视机更具有侵略性。在 2011 和 2012 的两年里,0 到 8 岁的儿童使用某种"智能"移动设备的次数增加了 50%,并且使用该种设备的平均时间在相应的时间段内增加了两倍。2 岁以下的儿童接触移动媒体技术的机会虽然较少,但也有 38% 的婴幼儿至少使用过一种屏幕媒体,比 2010 年的使用率显著提升了 10%(Rideout, 2013)。婴幼儿对这些屏幕媒体设备非常感兴趣,他们甚至在还没形成良好的运动控制能力之前就能够点击并滑动媒体屏幕。而且数字媒体的交互性特征使得孩子在没有帮助的情况下也很容易操作,因此这些媒体有很大的潜力来吸引孩子们的注意力。

仅以上关于 2 岁以下儿童屏幕媒体接触程度的调查就已经引起了家长、科学家和其他专业人士的关注,并促使科学调查和公众讨论这些媒体对儿童的认知和社会发展可能造成的积极或消极影响。人们最担心的是屏幕媒体令人兴奋的形式特征和快速的呈现节奏可能会阻碍孩子的认知发展。为解决屏幕媒体对幼儿可能造成的消极影响,美国儿科学会(AAP)建议 2 岁以下的儿童不要接触任何屏幕媒体。尽管美国儿科学会在政策中多次重申了其最初的建议,但婴幼儿屏幕媒体的使用情况依旧取决于家长的重视程度和监管力度。

还有一部分研究者认为适合婴幼儿的屏幕媒体能够促进孩子的学习和大脑发育。现在已经有一些面向婴幼儿的媒体视频在宣传材料中或明确或含蓄地表达出它们具有这种促进作用。尽管关于这些屏幕媒体具有积极影响的说法在很大程度上还没得到有效证实,但 30% 的受访父母表示他们向婴幼儿提供适龄视频的主要原因之一就是为了促进孩子的学习和大脑发育。

1.1.2 屏幕侵入的家庭生活

父母或照看者在孩子形成最优行为方面扮演着重要的角色,包括媒体消费和使用行为。在过去的几年里,儿童、青少年及成人使用数字和社交媒体的数量急剧增加;现在,有超过 70% 的成年人使用社交媒体(Brenner & Smith,2013),27% 的人表示对移动设备"上瘾"(Felt & Robb,2016)。社交媒体能够为成年人提供积极的社交体验,比如父母可以通过视频聊天服务与住在大学宿舍的孩子建立联系,促进父母与孩子间的社会与情感联系。然而一些家长本身就存在过度使用数字媒体的行为,不利于亲子间的情感交流。父母自己看电视会分散父母子女间的互动(Kirkorian,Pempek,Murphy,Schmidt & Anderson,2009),减少与孩子的玩耍时间(Schmidt,Pempek,Kirkorian,Lund & Anderson,2008),导致 2 岁以下的儿童比年龄较大的儿童更容易接触和观看不恰当的"背景"媒体(Tomopoulos et al.,2014)。很多父母的媒体设备使用行为导致了亲子间语言和非语言交流均明显减少(Radesky et al.,2015),甚至会造成父母孩子间更多的冲突(Radesky et al.,2014)。

因为父母的媒体使用情况是儿童媒体习惯的一个强有力的预测因素,所以减少父母使用媒体的时间,包括减少"背景"媒体的使用时间,以及增强亲子互动是促进孩子认知行为发展的一个重要途径。在日常家庭生活中,亲子互动是联系情感的重要方式,既能保证孩子的健康状况,如避免哮喘和高危险行为(Fiese,Winter & Botti,2011),又能对儿童早期发展语言、认知、社会技能和情感管理起到推动作用,同时还能促进儿童和青少年使用数字媒体进行有效学习。因此,在接触屏幕媒体时保证亲子间的互动是非常重要的。比如说,12 到 24 个月的婴幼儿可以开始从商业广告视频中学习新单词,但前提是需要他们与家长一起观看视频并由家长重新教授这些单词(DeLoache et al.,2010;Richert,Robb,Fender & Wartella,2010)。一项关于低收入家庭的纵向研究表明,14个月大的孩子在观看教育电视节目时,若母亲在观看过程中与其进行交流,那么这个孩子的语言发展要优于那些没有母亲陪同交流的孩子(Mendelsohn et al.,2010)。这种学习方式本质上是把数字视频作为学习支架,用以建立儿童的语言技能。

当今的儿童成长在一个高度个性化的媒体使用体验时代,家长们也表示总能感受到科技加快了生活和工作的节奏(Chesley,2014),而且很难在使用媒体技术时照看到孩子。因此有部分美国儿科医生支持家长在家庭中设置媒体使用限制和不使用媒体的"不插电"区域(Chassiakos et al.,2016),鼓励父母为家庭开发个性化的家庭媒体使用计划,关注每一个孩子的年龄、健康、性情和发展阶段,以确保每一个孩子都能够在数字媒体的使用过程中健康成长。

1.1.3 屏幕文化潮流中的学校环境

顺应屏幕文化时代潮流的学校教育进入了一个全新的阶段。从最初的计算机辅助教学到现在的"三通两平台"、云计算、智慧校园、教育云、移动学习、物联网、微课程、翻转课堂、增强现实、网络科研等,极大地丰富了儿童和青少年的学习环境和学习体验。交互式电子白板、虚拟现实、电子书包、创客教育等技术与教学的深度融合,构建出数字化学习环境,助力于师生、生生、人机之间的互联共通,营造良好的学习氛围,有效地促进学生的学习。屏幕媒体技术飞速发展,这在一定程度上促进了学校教育创新和教育方式变革。

借助"三通两平台"项目的实施建设,我国中小学校基本实现网络覆盖,多媒体教室也成为常态,学生能够访问互联网,感受数字化学习环境带来的便利。目前教育信息化投入持续增长,并已取得了突破性进展。截止到2017年12月,全国中小学(除教学点外)中,92.1%的学校实现网络接入,86.7%的学校已拥有多媒体教室,其中62.2%的学校实现多媒体教学设备全覆盖;学校统一配备教师终端和学生终端,开通网络学习空间的学生、教师分别占全体学生和教师数量的42.2%、57.4%;国家教育资源公共服务平台已开通教师空间、学生空间、家长空间、学校和机构空间。

不仅是我国,国际上其他国家的中小学学校环境均在屏幕文化的影响下发生了巨大的改变。比如,澳大利亚的学校已配备高速的宽带连接,实现了州、地区及全国范围内数字学习资源共享,营造出了资源丰富的学习环境。所有中学为9—12年级的学生购买或升级原有的计算机和其他通信设备和软件,并支持所提供设备的安装和维护。早在2012年1月,无论是公立学校、教会学校还是独立学校,9—12年级的澳大利亚学生在全国范围内都实现生机比1∶1。美国将无线网络和高速网络连接到学校教室和多家图书馆,私营企业赞助学生使用他们提供的软件、硬件和培训资源,非营利组织和图书馆正在与出版商合作向低收入学生提供电子书阅读材料。

由此看来屏幕文化潮流中的学校教育环境越来越信息化。教育信息化协同创新中心发布的"国际教育信息化涌现的十大新技术应用"(教育信息化协同创新中心,2014)指出,未来学校教育将会呈现以下景象:机器人将成为未来学习伙伴;3D打印技术颠覆学生动手实践;开源硬件夯实信息技术;体感技术引发学习新体验;教育游戏正逐步改变学习观念;虚拟世界中隐现"真实课堂";移动卫星车助力经济欠发达地区构建信息化课堂;云计算环境促进学习与教学的协同;社会性虚拟社区支撑大规模合作学习;学习分析技术支持规模化教学形式变革。

1.2 屏幕文化渗透下的儿童青少年媒体使用现状

儿童青少年在渗透着各种数字媒体的环境中长大,他们能够迅速地学会新的技术。尽管数字媒体对儿童的教育潜力很大,但人们担心儿童会在其脑力发展的关键时期过度使用屏幕媒体,从而产生不利的影响。目前关于这方面的研究仍旧有限。但是儿童青少年在使用屏幕媒体时呈现出独有的特征,受到了研究者们的关注。很多研究者普遍将伴随屏幕成长的一代儿童青少年看作是主动的、有经验的学习者,认为他们对于新技术有一种天生的学习能力,擅长完成多重任务,习惯利用信息技术获取信息并与同伴进行互动。这些儿童青少年惯于通过网络信息技术迅速获得最新信息、同时处理多种任务、喜欢文本前呈现图表、喜欢获得即时的反馈信息等。不同年龄段的孩子使用屏幕媒体的类型、内容和目的,以及对媒体内容的理解程度和利用效率等也会不同。大部分儿科专家关注0—8岁婴幼儿的媒体使用模式,并进行了大量研究。为了方便对已有研究的梳理,本节根据孩子的年龄段对屏幕文化中儿童青少年的屏幕媒体使用现状进行综述。

1.2.1 学龄前儿童媒体使用现状

在过去的十年中,媒体从传统媒体向新型数字媒体的发展导致了媒体使用模式的改变。比如,在1970年,西班牙的孩子在4岁时才开始看电视,而今天,孩子们在4个月大的时候就开始与数字媒体互动。随着数字媒体被纳入儿童青少年的媒体菜单,在过去的20年里,孩子观看电视节目的时间慢慢减少了(Chassiakos et al.,2016)。从国家健康和营养调查机构获得的家长报告中抽取了2011年和2012年的数据,用以分析孩子看电视的时长。样本群体为2到5岁的学前期儿童(5 724人)和6到11岁的学龄儿童(7 104人)。该分析结果显示,对学前期儿童来说,平均电视观看时间显著地减少;而对6—11岁的学龄期儿童,减少的程度较小。尽管观看率有所下降,但大多数家长仍然报告说,他们的孩子每天看电视的时间至少为2个小时(Loprinzi & Davis,2016)。

观看电视节目的时间之所以下降,不是因为父母听从了专家的建议,限制了孩子的屏幕时间(Chassiakos et al.,2016),而是因为婴幼儿使用了新的屏幕媒体作为电视节目的替代。使用移动设备(如智能手机和平板电脑)的0—8岁婴幼儿数量有了显著的增长(McDaniel & Radesky,2018)。尽管这些调查持续显示出由于经济地位导致的数字鸿沟致使低收入家庭中的儿童较少使用移动通信设备和互联网,但是,2015年的一个小型研究对这种数字鸿沟表示怀疑,因为他们从一个低收入儿童诊所招募的0—4岁的儿童中几乎所有(96.6%)的孩子都使用过移动设备,有75%的孩子拥有他们自己的屏幕媒体设备(Kabali et al.,2015)。这项研究还表明大多数2岁的孩子每天都使用移动设备,而大多数1岁的孩子(92.2%)已经使用过移动设备。尽管在获得高质量内容和可靠的无线网络方面可能存在数字鸿沟,但现在很清楚的是,儿童卫生保健提供者看到的大多数儿童将会使用或已经接触过移动技术。

儿童使用数字媒体所做的事情并没有得到详细的研究,因为数字媒体设备的使用相对较新,而且很难用某种方法进行评估(Chassiakos et al.,2016)。根据家长的报告,研究者总结出:大多数孩子主要是使用媒体设备看优兔或者网飞(Netflix),少部分儿童则观看教育类节目和使用早期学习的应用软件(如字母表),也有不少儿童玩游戏和观看卡通片(Kabali et al.,2015)。常识媒体"0到8"项目(Zero to Eight)调查发现在移动设备上使用教育媒体的现象存在差异,有54%的高收入家庭的孩子经常或者有时在移动设备上使用具有教育功能的影像材料进行学习,但只有28%的低收入家庭的孩子通过移动设备进行学习(Rideout,2013)。因此,低收入家庭中的孩子更有可能使用移动设备进行娱乐活动。

1.2.2 学龄儿童和青少年的媒体使用现状

研究表明,在过去的十年中,年龄较大的儿童和青少年的社交媒体使用模式愈发多样化,他们的社交媒体使用比例也持续增长。目前大约有四分之三的青少年拥有智能手机,可以访问互联网、流媒体电视/视频和交互式应用程序;24%的青少年称自己与互联网"经常联系"(经常使用互联网),50%的青少年认为自己对手机"上瘾"(Felt&Robb,2016)。移动社交应用程序为用户提供了广泛的特定功能,如游戏、照片和视频分享、视频聊天,以及全球定位系统监控等。社交媒体网站及其相关的移动应用为用户提供了一个平台,让用户可以创建在线身份,与他人交流,建立社交网络关系,如微博、豆瓣等。不过,当今的青少年通常不会只专注于一个网站。目前有76%的青少年至少使用一个社交媒体网站,有超过70%的青少年在使用脸书的同时还使用推特(Twitter)和照片墙(Instagram),形成了一个社交媒体组合(Lenhart et al.,2015)。

视频游戏很受青少年的欢迎。美国每5个家庭中有4个拥有视频游戏设备,大约一半的美国家庭拥有专门的游戏机。而且,移动设备上的某些应用程序也内嵌视频游戏,具有实用功能的应用也能以游戏的视角进行营销,这种方法被称为"游戏化"。游戏化是指将游戏元素以一种无缝的、友好的、吸引人的方式应用到现实世界的活动中。男孩是最狂热的视频游戏玩家,有91%的男孩说他们玩过游戏机,84%的男孩说他们在网上或者手机上玩视频游戏(Lenhart et al.,2015)。现如今,用户可以通过智能手机、无线网络和广泛的社交网络实现游戏的可移植性(可携带性),改变玩游戏的时空和方式(Chassiakos et al.,2016)。这些便携式的"游戏"能够发挥信息和引导的作用,为实现学术和健康目标提供可能,并将这些目标的实现融入到日常生活中。例如,"耐克$^+$"应用程序可以追踪运动者的运动路线、速度、步数、距离和时间,并通过跑步者与朋友间的竞争以提高他们的表现。这样的设计也有助于强化行为(包括健康行为和使用应用程序),从而引导用户更多的参与(Kim,2015)。

随着通信从面对面对话和电话语音通话转移到更多的通过应用程序的屏幕间互

动(screen-to-screen interactions via apps),如苹果视频通话软件"FaceTime"或微软即时通讯软件"Skype",日常交流逐渐与屏幕时间交织在一起。使用智能手机键盘向另一部智能手机发送文字信息或视觉符号(表情符号),已成为青少年交流的重要手段。媒体用于交流和娱乐两者之间的界限也变得模糊起来。青少年在远程视频游戏时可以同时向对手发送信息,或者在观看电视的同时使用推特与朋友联系。可见,游戏玩家与电视观众经常将他们的娱乐与社交媒体联系起来。而且,青少年在同一时间从事一种以上的媒体活动是很常见的,这种做法被称为媒体多任务处理。这种多任务处理可能包括看电视、使用电脑(Brasel & Gips,2011)或上网,即同时参与不止一项活动。一项针对年龄较大的青少年的研究表明,学生每天大约花费一半的时间在网上,同时也参与了多项活动(Moreno et al.,2012)。通过屏幕媒体,对话可以在文本信息和社交媒体应用之间来回切换,交流方式变得更加流畅。文本信息还可能包括媒体链接,比如链接到个人视频、优兔视频,或者其他社交网站(Lenhart et al.,2015)。

1.3 屏幕文化对儿童青少年的影响

在日常生活中,常常会听到类似"现在的小孩比以前的小孩更聪明,知道的也更多"、"新买的电脑或手机,小孩子总比大人学得更快"等话语。在这些基于生活经验的观点背后,蕴含着"当代青少年在学习、认知方面更具优势"的论断(曹培杰 & 余胜泉,2012)。且不谈这一论断能否经得起严格考量,单就信息技术的发展趋势来看,技术不仅改变了人类工作和生活方式,也给人类的认知和思维方式带来巨大的冲击。正如麦克卢汉所说,"一切技术都是肉体和神经系统增加力量和速度的延伸"。从历史发展角度来看,人类在不断制造工具、使用工具的过程中,也不断开拓、完善了自身的大脑(刘世清,2000)。那么,屏幕文化到底对儿童青少年产生了怎样的影响呢? 各学者为解答这个问题做了大量研究,但是当下仍未形成统一的解答。

1.3.1 屏幕媒体对学龄前儿童的影响

尽管我们已知婴幼儿也开始使用触屏数字媒体设备,但是我们还不知道他们对所接触的屏幕媒体内容是如何理解的(Anderson & Subrahmanyam,2017)。媒体对认知的影响依赖于儿童的年龄、编排媒体节目的类型(教育类还是为成人准备的节目)、社会环境以及特殊种类的交互式媒体(电脑游戏)等。小于 2 岁的孩子的媒体使用行为所产生的影响几乎总是不利的,已有大量研究表明该行为对婴幼儿的语言和执行能力发展产生了明显的消极影响(Barr, Lauricella, Zack & Calvert, 2010)。但也有研究发现幼儿在 24 个月大的时候能够通过与成年人的视频聊天互动(Roseberry, Hirshpasek & Golinkoff, 2014),或通过精心设计的促使孩子点击学习图标的交互式屏幕媒体(Kirkorian, Choi & Pempek, 2016)来学习单词。基于实验室的研究,幼儿能够从 15 个月大的时候从触摸屏上(特别设计的、而不是商业的应用程序)学习新的单词,但是他们还无法将这些知识转移到三维世界中(Zack, Gerhardstein, Meltzoff & Barr, 2013)。

儿童导向的媒体内容对婴幼儿的影响是混合的。一些研究发现媒体使用与认知发展没有关系,而另一些研究则发现了负面影响,这取决于儿童年龄以及媒体节目是否有教育意义。虽然儿童在 12 岁时才能理解更复杂的媒体内容,但是在 2 岁半的时候他们就可以理解与其年龄相适应的、儿童导向的媒体内容,并从中进行学习(Anderson & Hanson, 2010)。儿童一旦建立对屏幕媒体内容的理解,屏幕媒体就开始影响着孩子的知识,认知发展会更加的普遍化。大量关于学前教育电视节目的评估已经发现此类电视节目对学前儿童的词汇、读写能力、社会行为和学术知识有着积极的影响(Fisch, 2014)。教育类媒体内容的观看与更好的入学准备紧密相关,而且儿童导向的媒体内容对认知发展有着积极的作用。一些研究已经证明了屏幕媒体的价值在于其教育内容的丰富性,却很少有研究证明交互式数字媒体内容的影响效果。最近的一项小规模实验为来自低收入家庭的 18 名 4 岁儿童提供了一个触摸屏移动设备,其中安装了适应该年龄的教育游戏软件,主要训练数学和读写能力。由 11 个孩子组成的比较组使用的则是装有适龄娱乐软件的触摸屏移动设备。3 个月后的认知评估显示,在教育软件组的紧急学前教育水平测试中,识字技能提高了 11 个标准得分点,而娱乐软件组只提高 4 个得分点;数学技能方面,在早期数学能力测试中,他们的成绩是 8 比 1(Griffith, Hanson, Rolong-Arroyo & Arnold, 2017)。如果这项研究能在更大的范围内进行重复,那么该研究结论,即丰富的教育类软件能够使屏幕媒体发挥教育潜能,同时结合另一项研究的发现,即 24 到 36 月大的婴儿在触屏媒体上的学习准备要优于从电视上的学习准备(Kirkorian, Choi&Pempek, 2016),可形成作为一种相对廉价的针对入学准备的早期干预模式。

初次接触数字媒体的年龄较早、屏幕媒体使用的累积时间较长和质量不高的数字媒体内容都是儿童不良执行功能(冲动控制、自我调节、心理灵活性)(Nathanson, Aladé, Sharp, Rasmussen & Christy, 2014)和"心理理论"缺陷(即理解他人思想和感受的能力)(Nathanson, Sharp, Aladé, Rasmussen & Christy, 2013)的显著独立预测因子。成人媒体内容对2岁以下儿童的认知发展存在负面影响,如降低了亲子互动的质量和数量(Schmidt et al.,2008;Kirkorian et al.,2009),以及暴力媒体内容和儿童攻击性行为之间联系紧密(American Academy of Pediatrics, 2016)。媒体多任务处理,曾一度被认为只出现在青少年的媒体活动中,但现在在4岁以下的儿童的媒体行为中也可以观察到(Winpenny, Marteau & Nolte, 2014)。幼儿对新颖刺激的定向反应非常强烈,因此他们的注意力被吸引到数字媒体的迷人和快速变化的特征上,例如动画、声音和可以点击或滑动的突出特征(Rothbart & Posner, 2015)。然而,这些特征可能会降低婴幼儿的理解力(Goodrich, Pempek & Calvert, 2009)。因此,父母更应该继续监控他们孩子的媒体使用方式和媒体内容。

1.3.2 屏幕媒体对学龄儿童和青少年的影响

学龄儿童和青少年接触较多的是交互式和沉浸式数字媒体,现有的研究也考察了新型媒体内容和技能对儿童青少年学习的影响。研究者总结道"关于游戏内容的研究在学习和教育成果方面产生了令人失望的结果"(Subrahmanyam & Renukarya, 2015)。而实验训练研究发现,儿童在使用与认知技能有关的游戏时,其认知技能会有短期的提升。玩视频游戏对儿童青少年的注意力、视觉处理技能和空间表征技能,以及执行力和视觉空间工作记忆等都会有益处(Anderson & Subrahmanyam, 2017)。对特定认知技能的影响是特定于某种游戏的,而且没有证据表明儿童青少年会从任何不需要练习技能的电子游戏中发展认知技能。

儿童在学龄阶段观看更多的是娱乐类媒体节目。从大约6岁开始,观看针对成年观众的娱乐电视节目的儿童数量一直增长。尚未有研究证明观看成人类娱乐电视节目对儿童的认知发展是否为完全的消极影响或者完全的积极影响,但毫无疑问的是,暴力内容会促生儿童的反社会与侵略性行为(Murray, 2007)。有一种关于媒体节目潜在负面影响的理论是,花在媒体上的时间可能会取代有价值的认知活动,比如阅读。在学龄儿童和青少年学习阅读的阶段中,媒体的使用对阅读成绩有负面影响

(Ennemoser & Schneider, 2007),这可能是观看娱乐节目占据了阅读时间的缘故。目前尚不清楚观看教育节目对阅读成绩的影响关系。这种关系在一定程度上也取决于儿童青少年使用互动媒体时的阅读程度。人们非常关注屏幕媒体可能对儿童的执行功能产生的负面影响,特别是在任务处理时集中注意力和保持注意力的能力。关于这一问题的研究得到了好坏参半的结论,部分研究者认为没有影响,还有研究者发现了负面影响。时至今日这个问题还没有得到互为印证的答案,其影响可能取决于孩子的年龄、使用媒体的类型以及其他的背景因素。

新媒体还有一个重要益处,就是在残疾儿童和青少年中开发和使用技术辅助干预,特别是通过使用辅助和交互式数字媒体促进患有孤独症谱系障碍(Autism Spectrum Disorder, ASD)(Odom et al., 2015)、肢体残疾、言语障碍和学习交流智力障碍的青少年进行学习和沟通(Desch & Gaebler-Spira, 2008)。由于患有自闭症谱系障碍的青少年的媒体使用行为尚存在较多问题,所以他们在非教育导向的媒体,如娱乐媒体上的使用行为仍受限制。

1.4 屏幕文化笼罩下的阴影

1.4.1 肥胖风险

在人的整个生命过程中,高频次的媒体使用与肥胖和心血管风险有关(Bel-Serrat et al., 2013),而且这些关联从儿童早期就开始出现了。孩子在吃饭时更容易使用移动媒体,这样会分散其对饱腹感的注意力(Bellissimo, Pencharz, Thomas & Anderson, 2007),进而加大肥胖风险。以前认为的观看食品广告电视节目与肥胖之间的联系现在可能会减少(Zimmerman & Bell, 2010),因为孩子们观看的视频更多来自流媒体服务,这些视频不包含广告,但是这一观点有待证实。另一个肥胖风险的领域是卧室里的屏幕媒体。在卧室里放一台电视机是导致肥胖的一个独立风险因素(Wethington, Pan & Sherry, 2013)。

大量的媒体使用与体重指数的显著增加有关(Cox et al., 2012),而体重指数的显著增加会加大儿童后期发育的肥胖风险。即使在调整了儿童的社会心理风险因素或行为问题之后,每天媒体使用时间超过 2 小时与肥胖之间的联系仍然存在(Suglia, Duarte, Chambers & Boyntonjarrett, 2013)。但随后一项针对 2 岁儿童的研究发现,体重指数随着媒体使用时间的增加而增加(Wen et al.，2014)，与是否超过2小时无关。对年龄较大的儿童青少年的研究显示，媒体使用时间增加与肥胖风险增加之间也存在明显的相关性(Proctor et al.，2003)。与那些观看电视0到2小时的孩子(5到10岁)相比，每天看电视超过5小时的儿童(5到10岁)超重的几率更大(Gortmaker et al.，1996)。这项研究极大地促进美国儿科学会对2到18岁的儿童提出每天观看少于2个小时电视的建议。然而，在荷兰进行的一项针对4至13岁儿童的研究发现，每天看电视超过1.5小时是导致肥胖的一个重要因素，而且，电视和肥胖之间的联系只在4到9岁的孩子身上有所显现(Jong et al, 2013)。一项针对近30万儿童和青少年的大型国际研究发现，每天看1到3个小时的电视会导致肥胖风险增加10%到27%(Braithwaite et al.，2013)。将电视观看时间限制在每天1到1.5小时之间，对于预防肥胖来说，可能比之前的美国儿科学会建议的每天2小时的标准更有效。

减少儿童的媒体使用时间能够消减肥胖风险。一项针对三、四年级学生的干预研究旨在减少参与者看电视和玩电子游戏的时间。研究表明，干预组的孩子们减少了看电视的时间，也减少了吃饭时看电视的时间，随之，体重指数也减小了，这说明以减少久坐的媒体使用时间为目标进行干预可以对身体健康和身体质量指数产生积极的影响。

1.4.2 睡眠剥夺风险

越来越多的证据表明屏幕媒体对睡眠有负面影响(Bruni et al.，2015)。屏幕媒体使用时间增长以及婴幼儿卧室存在电视、计算机或移动媒体设备等与孩子每晚睡眠质量的下降有关(Cespedes et al.，2014)。晚上使用媒体时间较长导致上床睡觉较晚以及媒体中的暴力内容也可能是促成睡眠不足(低质量睡眠)的因素(Garrison & Christakis, 2012)，而且屏幕发出的蓝光能够抑制内源性褪黑素①，这也可能是另一个影响睡眠的原因(Della Sofferenza & Rotondo, 2006)。

在婴儿中也可以看到媒体使用与睡眠之间的关系。6到12个月大的婴儿在晚上的时候接触屏幕媒体，他们的夜间睡眠时间明显短于那些晚上没有接触屏幕媒体的婴

---

① 能缩短睡前觉醒时间和入睡时间，改善睡眠质量，睡眠中觉醒次数明显减少，浅睡阶段短，深睡阶段延长，次日早晨唤醒阈值下降。有较强的调整时差功能。

儿（Vijakkhana，Wilaisakditipakorn，Ruedeekhajorn，Pruksananonda & Chonchaiya，2015）。对年龄较大的儿童和青少年的研究表明，社交媒体使用率较高或者睡前在卧室使用移动媒体设备的被试患睡眠障碍的风险更大（Buxton et al.，2015；Lemola，2015）。喜好夜间活动、使用移动媒体和互联网、最后关闭媒体的时间以及卧室中数字媒体设备的数量对青少年和成人的睡眠质量有着不同的但是显著的负面影响（Bruni，2015）。一项针对成年人的研究发现，带手机进入卧室会导致更长的睡眠延迟、更糟糕的睡眠质量，以及更多的日间功能障碍（Exelmans & Van den Bulck，2016）。这些研究均说明了在临近睡觉时间以及应该睡觉的时间里使用屏幕媒体会降低睡眠质量。

　　白天的屏幕使用情况也会影响睡眠。根据挪威的一项研究，白天和晚上睡前使用媒体设备都会影响睡眠，提高了睡眠时间减短、入眠时间加长、睡眠不足的风险。综上可知，在睡眠时间与电子设备之间出现了一种剂量反应关系（Hysing et al.，2015）。确保儿童和青少年获得必要的健康睡眠时间是家庭媒体使用计划（Family Media Use Plan）的一个重要目标。

1.4.3　行为和心理风险

　　关于传统媒体的数十年的研究发现支持了青少年媒体使用与健康行为间的联系（Titus-Ernstoff，Dalton，Adachi-Mejia，Longacre & Beach，2008）。青少年在电视或电影中接触酒精、烟草使用或有风险的性行为与他们开始这些行为有关（Klein et al.，1993；Strasburger et al.，2013）。越来越多的证据表明，数字和社交媒体产生的这些影响也很强大。青少年在社交媒体上的行为风险通常表现为对有害行为的描述，包括非法饮酒或酗酒、非法使用药物、高危性行为、自我伤害以及饮食紊乱等（Moreno，Parks，Zimmerman，Brito & Christakis，2009）。这些不良内容的观众会受到影响，将这些行为视为规范可取的（Moreno，Kota，Schoohs & Whitehill，2013）。尽管有限制儿童青少年在电视等传统媒体平台上接触酒精、烟草和大麻广告，但年轻人可能会从社交媒体网站或网友那里接触这些物质。例如，来自美国和英国的研究表明，主要的酒类品牌在脸书、推特和优兔上保持着强大的广告影响力（Winpenny，Marteau & Nolte，2014）。通过社交媒体进行定向广告可能会对青少年的行为产生重大影响。

　　媒体使用对心理健康既有害处也有益处。一项纵向调查研究对396名处于青春期的白人和黑人孩子进行了评估，以确定观看电视对孩子自尊的长期影响。结果发现观看电视与自尊有很大的关系,但自尊的增加或减少受到了人口因素的影响。对白人和黑人女孩以及黑人男孩来说,长时间观看电视会降低他们的自尊心;而对白人男孩来说,自尊心反而有所增强(Martins & Harrison,2012)。在分析这些结果时,研究者假定大部分的电视内容都强化了性别角色和种族偏见,这种电视内容只对白人男孩群体有积极作用。黑人儿童和白人女孩可能将媒体内容所描述的"社会规范"内化,并以这些信息作为自我评价的基础,以至于对他们的自尊产生负面影响。但是,社交媒体的互动和选择性组件可能会抵消一些传统媒体的缺点,因为社交媒体的适度使用可以增强社会支持和联系。

社交媒体的使用程度和使用方式是儿童青少年形成健康心理的关键。比如,互联网使用程度与抑郁风险之间存在一种U型关系,过度和低度使用互联网都有增加抑郁的风险(Moreno,Jelenchick,Koff & Eickhoff,2012)。社交媒体的使用程度与抑郁风险正相关(Lin et al.,2016),过度使用社交媒体会加大抑郁风险。那些仅观看媒体内容而被动使用社交媒体的年龄较大的青少年,他们的幸福感和生活满意度都在下降,而那些积极使用社交媒体与他人交流并发布内容的青少年没有经历这种下降。

本章小结

目前,海量的信息资源和形形色色的媒体技术充斥着人们的学习、工作和生活。一个全新的社会——知识经济社会正在构建,一种全新的文化——屏幕文化已经形成。伴随着计算机、互联网等新技术成长起来的新一代,他们一出生就面临着一个无所不在的网络世界。对于他们而言,屏幕媒体就是他们的生活,数字化生存是他们从小就开始的生存方式。

在这样一种文化下,儿童和青少年所生存的环境发生了翻天覆地的变化,家庭中越来越丰富的屏幕媒体设备和同样使用屏幕设备的父母为孩子提供了一个原生媒体环境;信息化教育推动下的学校教育改革,颠覆了传统的教学方式,以崭新的顺应时代发展的信息化模式全方位促进儿童青少年的学习。儿童和青少年在渗透着各种数字媒体的环境中长大,他们能够迅速地学会新的技术。不论是在高收入家庭还是低收入家庭,大多数婴幼儿都接触过屏幕媒体。多数情况下,婴幼儿接触电视等屏幕媒体作为"背景",但仍有部分是为了观看儿童导向的媒体节目或者仅为娱乐。学龄儿童和青少年擅长完成多重任务、习惯利用信息技术来获取信息并与同伴进行互动,使用屏幕媒体的娱乐目的大于学习目的,而且喜欢将娱乐与社交结合在一起。

大部分研究对婴幼儿的媒体使用持悲观态度,认为数字媒体对幼儿的认知发展有阻碍作用。而仍有一部分研究认为在父母的合理引导下,婴幼儿也可以有效使用屏幕媒体促进语言技能等的发展。学龄儿童和青少年使用数字媒体的效果与媒体内容、使用程度有着重要的关系,合理的媒体使用会对儿童青少年的学习和认知发展带来积极作用。数字媒体对儿童和青少年的健康既有益处也有风险。益处包括可以接触新的想法,获取知识,增加与社会接触以及社会支持的机会,获得能够促进健康的信息的新机会。风险包括对体重和睡眠的负面健康影响,接触不正确、不适合或不安全的媒体内容等。

第 2 章

媒体与学习：从单向、交互到沉浸

随着技术的演进与社会的变迁,屏幕媒体经历了从单向、交互到沉浸的发展历程,正在逐步改变着人们的学习和生活方式,也为低龄儿童敞开了技术限制的大门。这些屏幕媒体对成长中的儿童带来的影响,引起了广泛的争议和讨论。其中,屏幕媒体与儿童学习成为研究者较为关注的问题。使用屏幕媒体是否会对儿童的学业成绩产生影响?与儿童的语言学习之间存在什么关系?是否会对儿童的脑智发育产生影响?对这些问题的研究,能够帮助人们更好地理解屏幕媒体与儿童学习的全貌。

一些来自心理学、神经科学、教育学、传播学、教育技术学等领域的学者,从不同的研究视角切入,采用实验研究法、实地观察法、混合研究法等多样化的研究方法,共同为屏幕媒体与儿童学习之间关系的相关研究贡献智慧。比如,一些学者指出,屏幕媒体对学习的影响与媒体使用时间、媒体形式特征和媒体内容是相关的,还要综合考虑儿童发展水平、儿童使用偏好、父母是否共同观看等因素。认知心理学家将屏幕媒体的使用视为认知过程,关注屏幕媒体使用与儿童的认知能力之间的关系。一些来自教育学、教育技术学等领域的学者对媒体使用与儿童的学业表现方面的相关关系进行了研究。认知神经科学学者使用 fMRI(functional magnetic resonance imaging 功能性磁共振成像)、fNIRS(functional near infrared spectroscopy 功能性近红外光谱)、PET(positron emission tomography 正电子发射计算机断层显像)扫描技术等来检视儿童的媒体使用与大脑功能区域的敏感变化之间的关系,以及对大脑发育的影响。

2.1 屏幕媒体的发展脉络:从单向、交互到沉浸

从电影银幕、电视荧屏,再到今天的智能手机等移动终端,屏幕媒体逐渐嵌入到人们的生活中,在作用于人们生存方式的同时,也勾勒出了不同的社会场景。美国媒体历史学家埃尔基·胡塔莫(Erkki Huhtamo)曾提出将屏幕学(Screenology)作为媒体研究的一个分支,以屏幕这一类人工设计制品为研究对象,并关注在不同时空的话语境

脉中,研究屏幕的使用以及其他文化形态的相互关系(Huhtamo,2012)。

鉴往知来,梳理一下屏幕媒体的发展与变革历程可以让我们更清晰地认识它。被誉为"数字时代的麦克卢汉"的美国媒体环境学家保罗·莱文森(Paul Levinson)曾在其媒体进化理论中,将所有传播媒体的特征划分为固定特征和表层特征。固定特征也可称为本质特征,指的是媒体基本的、不可改变的属性。表层特征则指的是可以改变的特征,表层特征改变以后,媒体本身并不会发生本质的变化。在媒体的发展演进中,当媒体的固定特征发生创新性变革,就可以被称作"进化了"的媒体,成为一类新的媒体形式。以保罗·莱文森的理论来审视屏幕媒体的发展,可以看出屏幕媒体呈现出了从单向媒体到交互媒体,再到沉浸媒体的演进脉络。单向媒体阶段,也可以称为第一媒体时代,主要的代表性媒体有电影、电视等。在这一阶段,屏幕媒体具有单向传播的特性,人们通过收听、观看等方式接收信息。交互媒体阶段,也可以称为第二媒体时代。美国学者马克·波斯特(Mark Poster)曾在其著作《第二媒体时代》中,将以互联网为代表的新媒体时代称为"第二媒体时代",并对其特征进行了解读。也有学者指出,第二媒体时代是以计算和网络的出现作为划分节点。在计算机技术、网络技术等的推动下,屏幕媒体具有双向交互的特性,使得人们不仅是单向影像的观看者、接收者,更是学习的参与者。随着移动互联网、虚拟现实、增强现实、人工智能等技术的发展,重构了屏幕媒体的存在和运行方式,给人带来超越现实的沉浸体验。"沉浸"代替了"单向"与"交互",成为了新一代屏幕媒体的典型阶段性特征。屏幕媒体进入了沉浸媒体阶段,也可以称为第三媒体时代。

总之,屏幕媒体从单向媒体到交互媒体,再到沉浸媒体的演进,不断突破时空限制,更加趋近于人的感官能力,从而满足人性化需求。

2.2 屏幕媒体的发展促使新的学习模式产生

在一个媒体主宰的时代中,每个人都很难成为一个离散于媒体场的"局外人"。随着屏幕媒体的变迁,媒体物质形态与表征符号发生了变化,人们固有的认知观念与行为方式等也不相同,促使新的学习模式产生。根据屏幕媒体的三个发展阶段及其特征,可以将学习模式归纳为——视听模式、参与模式和具身模式。视听模式主要指的是学习者以观看与收听方式,对影像与声音进行学习;参与模式侧重于学习者基于屏幕媒体与他者、学习内容之间的交互,在参与中学习;在具身模式下,学习者与环境之间相互作用,共同构成动态的整体或系统。具身模式是视听模式、参与模式的飞越,是屏幕媒体在新时代的发展,与前两者之间是一种包容关系,而不是非此即彼的对立关系。

2.2.1 单向媒体时代:视听模式

屏幕媒体作为学术概念登上历史舞台,受到研究者的关注,始于电影。1895年12月28日,法国卢米埃尔兄弟正式放映了《工厂大门》《火车进站》等影片,这一天被各国电影史学家公认为电影的发明日,标志着电影时代的正式开始。在电影银幕中可以看到壮观的尼亚加拉瀑布、飞驰的火车影像,真实世界万物的视觉运动影像得以复现,屏幕成为了传递矩形平面上的、或真实或虚幻的、流动式影像的接口,它如同一扇窗户,人们经由它可以获得一种全新的感知世界的经验。自此,不仅作为一种娱乐形式,更是作为一种教育方式与一种新的伟大的社会力量,电影银幕登上历史舞台。20世纪20年代有声电影的出现,更是将鲜活的声音和生动的画面完美结合于一体。

图2-1 卢米埃尔兄弟放映的火车进站影片

1936年英国广播公司(BBC)在伦敦市郊建立了世界上第一家电视台,正式进行电视广播,人类自此进入了电视时代。之后从无声到有声,从黑白到彩色,电视荧屏迅速成为大众青睐的媒体形式。自电视时代开始,主流媒体进入了屏幕时代,让人足不出户就可以看到荧幕上的多彩世界。

图2-2 一名儿童在观看电视

与传统的报纸、书籍等以文字阅读为主的学习方式相比较,动态的影像与声音是这一阶段主要的媒体元素,它超越了静态的文字成为一种新的媒体形态,建构了屏幕表达方式。从影像与声音中学习是这一阶段学习的代表性特征。就像计算机与学习领域的著名学者西蒙·佩珀特(Seymour Papert)所说的那样,电影、电视等早期媒体,不管是不是教育性的,都将儿童置于一种被动的模式中,一种观看或者收听而不是动手操作的状态。因此,这一阶段的屏幕媒体形式体现出对影像与声音的无限依赖,人与人之间的社会关系以影像、声音为中介,观看、收听是重要的学习行为与特征。所以可以将这一阶段基于屏幕媒体的学习,称为视听模式。

1. 以影像与声音传递信息

报纸、书籍等媒体是由文字以及静态图片构成的。文本的稳定性允许读者慢下来、停顿、再继续,或有选择性的阅读。电影、电视等媒体则大不相同,它们超越了文字,将声音、图像问题融为一体,同时满足视觉和听觉需求,使信息传播从平面化转向立体化。在电影屏幕、电视荧屏中所呈现的媒体形式特征,包括音频、视频特征(Huston & Wright,1983)。视频技术包括剪切、渐隐、溶解等特技,音频技巧包括音效、音乐、人声等。除此之外,还包括人物角色、变化速率、内容呈现步调等。概括起来,单向媒体主要通过口头语言与视觉图像尤其是运动图像的符号系统传递信息,这些形式特征使人们,尤其是儿童获得了一种全新的感知世界的经验,有助于吸引儿童的注意力,以及帮助儿童处理加工呈现的信息。而且,它们的传播速度飞快,使信息传播脱离了时空限制,远远超出书写和印刷文字的传播能力,将鲜活生动的声音和形象生动的画面展现在人们面前。

2. 以观看与收听进行学习

屏幕设备本身及其所承载的信息资源和符号是学习的场域。所谓符号,就是人们可以通过感官感受到的一些具有"形式"的东西,它们可以是一些笔画,是一些抽象或形象图形,也可以是一些物体、一些活动,以至一些空间和时间的形式;它更多地是一些声音、语言等等(李鹏程,1994)。在电影、电视等单向媒体盛行的时代,对于儿童而言,基于屏幕媒体进行学习,就是从影像与声音等符号系统中进行学习。他们通过观看、收听等方式,将视觉、听觉等符号及其之间关系具体地在脑中呈现出来,从而达到意义建构的目的。

2.2.2 交互媒体时代:参与模式

电子计算机与互联网的发明,翻开了屏幕媒体发展史上具有革命意义的新篇章。计算机屏幕逐渐取代了电影银屏和电视荧幕的主流地位,成为这一时期的典型屏幕形式。计算机屏幕丰富了人们的视觉、听觉、触觉等多重感官体验,人们不仅仅是影像的观看者、信息的接受者,更是参与者。所以,这一阶段屏幕媒体与人们之间的关系从单向通行变成双向贯通,"交互"成为最能代表这一时期媒体形态特征的关键词。

1. 以非线性的即时交互为特征

自世界上第一台电脑 ENIAC(electronic numerical integrator and computer)开始,计算机的发展经历了电子管计算机、晶体管计算机、集成电路计算机、大规模集成电路机等多代更新,作为其外部设备的屏幕也在不断地变革,形态越来越轻巧,承载的信息也越来越多样化。与电影、电视相比,人们坐的位置离屏幕更近了,在可触及的距离之内。随着多媒体计算机的问世,计算机屏幕更是将文字、图片、音频、视频、动画等各种形态的信息融于一体,成为一种新型综合性屏幕。计算机成为网络上的一个节点,人们通过计算机屏幕的视窗操作系统,从创建线下的文档,到探究图形化的游戏世界、浏览互联网上的多媒体信息,带来了丰富体验。尤其是在线浏览,网站上闪烁的广告、口号、商标等都吸引着人们去点击,进入一个网页或是打开一个显示着动图的小窗口,更是再现了屏幕上的"西洋镜"。人们与计算机之间进行着频繁的信息流动,非线性的即时交互成为区别于单向媒体时代的典型特征。

2. 在参与中学习

与单向媒体时代所不同的是,交互媒体给了儿童对于屏幕呈现内容的更大控制权。儿童基于计算机屏幕上的图标、超文本等与他者、学习内容之间进行交互,通过对话、控制等方式参与其中,得到即时的反馈,获得直接的体验。如在播放叙述型动画时,儿童可以自定步调,利用暂停、播放、前进、后退等按键控制播放进度,也可以拖动到特定内容进行播放。再如操作练习型学习内容,儿童可以给出问题答案、获得反馈,也可以提出问题、接收答案。在参与中学习，从某种程度上来讲可以满足具有不同知识水平、不同学习进度以及不同兴趣取向儿童的学习需求。

2.2.3 沉浸媒体时代：具身模式

随着智能手机、平板电脑等移动设备的普及，以及移动通讯技术的发展，移动智媒屏幕开启了全时空连接的随身屏幕形态，给人们提供的信息体验方式超越了以往任何一种屏幕。特别是与虚拟现实、增强现实等新技术的结合，打破了虚拟世界与现实世界的边界，人与媒体的交互发挥到了极致，使人、屏幕媒体、环境融为一体，给人一种超越现实的沉浸感的炫酷体验。沉浸媒体成为第三媒体时代的主流范式。

1. 以感官沉浸为特征

自1973年被誉为"手机之父"的摩托罗拉研发团队首席工程师马丁·库帕（Martin Cooper）在纽约曼哈顿一条繁忙的街道上打通了世界上第一通无线电话以来，通讯设备越来越小巧精致，功能越来越强，应用越来越广泛，在全球范围内的普及与扩散速度如火箭般直线上升，超越了以往任何一种技术的扩散速度。伴随而来的是移动智媒时代的来临，智能手机、平板电脑等越来越无缝地融入人们的社会生活中，甚至成为了"人体的一部分"。移动智媒屏幕成为新型的屏幕媒体终端，人们可以通过触摸、语音、手势、眼动等多种交互方式进行实时交互，带来一种身临其境的沉浸式感受，获取视觉、听觉、触觉、味觉、嗅觉、运动等多重感官通道的真实感受，进入虚拟世界与现实世界融为一体的感知氛围。如《摩尔字母乐园》是一款面向儿童的英语学习增强现实玩具，26个玩偶分别代表26个英语字母，使儿童在虚实结合中学习26个字母的读音和玩偶对应的单词。

图2-3 一款增强现实软件《摩尔字母乐园》

从沉浸体验的层面上说,沉浸媒体与单向、交互媒体的最大区别就在于它以感官沉浸为特征。感官沉浸指的是虚拟世界中存在的多重表征和感官刺激,就像在真实的客观世界中一样,除了常见的视觉感知之外,还有听觉感知、触觉感知、运动感知、嗅觉感知等。尼古拉·尼葛洛庞帝(Nicolas Negroponte)在《数字化生存》中曾经预言,虚拟现实能使人造事物像真实事物一样逼真,甚至比真实事物还要逼真。如今尼葛洛庞帝的预言已然成为现实。沉浸媒体为学习者构建了虚拟与现实相结合的学习场景,特别是用于模拟现实世界中难以接触到的事物,使学习者获得沉浸式体验。

2. 具身学习

具身学习指的是"涉及感觉、感知、身与心的相互作用和反作用的体验学习,是对于存在和行动的具身体验"(Matthews,1998)。具身学习主要强调人的学习过程是建立在身体及其感觉运动系统的具身体验之上。在沉浸媒体所构建的学习环境中,人们通过多重感官乃至整个身体在情境中的参与和大脑内化的反思来强化对知识以及社会的认知,可以认为是一种具身学习。基于沉浸媒体的学习模式是一种建立在身体、环境和符号表征等多种因素有机结合基础上的新的认知和学习模式,可以称之为"具身模式"。

2.3 屏幕媒体对学习产生的影响

屏幕媒体给成长中的儿童带来了一些影响,也引起了广泛的争议和讨论。从已有研究看来,屏幕媒体对于儿童学习及大脑发育既有积极影响,也有消极影响。以下内容从学业表现与大脑发育两个方面,对单向、交互与沉浸媒体给儿童产生的影响进行综述。

2.3.1 单向媒体的影响

学者们关注屏幕媒体与儿童的问题由来已久。早在19世纪末20世纪初,电影对儿童的独特影响力就开始引发西方社会的关注。1928年美国电影评议会在民间慈善机构——潘恩基金会的支持下,开展了电影对儿童影响的研究。该项研究规模巨大,涉及了多名来自心理学、社会学、教育学领域的研究者,以及几万个调查对象,使用了当时所有可能的研究方法,包括定量的与定性的方法,如内容分析法、调查法、实验法等,具有开拓性的贡献。可以说,潘恩基金的研究极大程度上囊括了电影可能会对儿童个体的认知、行为、态度等方面带来的影响。而且指出影响可能取决于儿童的年龄、性别、易受影响的倾向、感知、社会环境、先前经验以及父母等因素。总之,该研究被认为是媒体调查领域科学化的先驱,极为经典,广受引用,为后续研究奠定了基础。

20世纪40、50年代以来,电视逐渐地走进千家万户,成为飞入百姓家的寻常之物,打开开关就可以看到电视荧幕上的多彩世界,人们开始转向研究电视对于儿童的影响,一度出现了研究这一问题的新浪潮。电影、电视等媒体是否对儿童的学业表现及大脑发育有影响?这是学校、家庭及学者都非常关注的一个问题。

1. 学业表现

关于电影对于儿童学业表现的影响相关研究很少,电视的相关研究明显多了起来,而且更加细致、具体与深入。

有一些研究表明观看电视对学业成绩有积极作用。诺贝尔(Noble)发现学龄儿童可以从自选的电视娱乐节目与教育类节目中,习得一些学业相关的事实性信息。在对母语为英语的儿童中进行研究,结果表明,与那些不接触电视的儿童相比较,观看电视的儿童对于一些话题呈现出了较好的知识面(Himmelweit et al.,1958)。再如彭聃龄和丁朝蓬等(1997)进行的一项实验研究。该研究以中国四、五年级共四个班级的学生为样本,以《玛泽的故事》作为刺激材料,使用自编问卷与测试题作为测量工具。通过前后测比较,发现经过为期一年的节目收看,儿童在词汇、会话、阅读、听力方面的成绩均有显著的提高。相反,也有一些研究结果显示了观看电视对学业成绩的消极影响。如1993年美国华盛顿公共广播公司(Corporation for Public Broadcasting,CPB)发布了一份调查报告,该报告数据显示,观看电视时间更长的儿童,倾向于获得较低的学业等级。得到C和D的儿童,电视观看时长为平均每周24.52小时,等级为A/B的儿童,则为平均每周21.91小时。观看电视时间长、学业成绩较差的儿童更倾向于抱怨家庭作业多。约翰逊等人(Johnson,Cohen,Kasen & Brook,2007)使用前瞻性流行病学的研究方法对678个样本进行了研究,发现在控制了家庭特征与先前认知困难等变量之后,青少年时期经常观看电视与注意力困难、学习困难相关。每天观看电视时间在1小时以上的14岁儿童,具有家庭作业低完成度、对学校持消极态度、较差学业成绩以及长期学业失败的高风险。每天观看电视时间在3小时以上的儿童,更容易出现这样的情况。而且,这些儿童更容易出现注意力困难问题,通过长期跟踪发现,他们接受高等教育的机会较少。加迪(Gaddy,1986)进行了一项研究,使用多元回归方法模型分析美国高中学生的媒体使用与学业成绩之间的关系。结果表明,看电视的时间与学生的阅读和算术的学业成绩呈显著负相关,但是,该显著性相关关系在控制了一些变量如先前成绩、所处地区、父母收入和父母受教育程度后消失。所以该研究认为,并没有清晰的证据表明电视对学业成绩存在消极影响。总之,关于电视对儿童学业成绩影响是极为复杂的。

电视对儿童阅读技能的影响,自从电视诞生以来就争论不止,以下三种观点并存——电视抑制阅读技能的发展、电视可以促进儿童阅读技能的发展、电视对阅读技能没有影响。"抑制说"这种观点的追随者甚众,一度成为电视被"指控"的证据:"电视带来了阅读短缺"、"电视使得儿童被动"、"电视替代了阅读以及其他有价值的智力活动"等。如库斯特拉等(Koolstra,2011)以1 050个来自荷兰的二年级和四年级的小学生为研究对象,研究观看电视对儿童阅读理解与解码技能的长期影响,以及影响的因果机制。该项研究历时三年,以1年为间隔,共调查了3次。结构方程分析结果显示,观看电视抑制了儿童阅读理解技能的发展,电视的抑制作用取决于不同的电视节目类型,跟儿童的智商与社会经济状况的关系不大。观看带有字幕的外文电视节目对解码技能有促进作用。研究者还分析了电视对阅读理解影响的因果机制在于,一是电视减少了阅读书籍的时间,二是与书籍阅读相比,电视画面稍纵即逝,很难让人深度思考。有一些研究支持"促进说"这一观点。如巴亨(Bachen,1982)进行了一项研究,样本是来自于不同地区9所中小学的580名二年级、三年级和六年级学生。之所以这样选择是考虑到样本的社会经济状况、城镇/郊区环境、种族等背景。研究者用观察日志的形式记录了研究样本在7天内的观看电视行为,之后进行了一个广泛的问卷调查包括人口统计学信息、观看电视与阅读习惯等内容。他们使用路径分析,对样本的社会经济状况、家庭环境、电视观看量、认知卷入以及阅读成绩之间的关联用图表呈现。这些结果显示,一是儿童的阅读能力不仅与学校正式教育有关,更与儿童在校外的经历有关;二是阅读或看电视时具有明确的目的,会增加孩子阅读或看电视的时间。三是将儿童认知卷入与电视呈现技巧相结合,对儿童阅读成绩是有积极的促进作用的。第三种观点是观看电视与阅读成绩之间并没有关联。如在以加利福尼亚儿童为研究样本(Ritchie,Price & Roberts,1987)、以以色列儿童为研究样本等所进行的纵向研究中

(Salomon & Shavit，1986)，探究早期的电视观看跟阅读技能之间的关联。结果表明，阅读技能与观看电视之间并无直接关系。与其他因素相比较，比如在阅读时来自家庭的鼓励，观看电视在阅读技能方面的影响是非常小的。观看电视带来的消极影响即便会出现，也一般发生在低年级学龄儿童上，而且可能是暂时的。媒体应用对阅读表现的影响，可能需要应用更加复杂的方法进行研究。总之，关于电视对儿童阅读的影响，三种观点并存，从不同的侧面呈现了这一问题的复杂性。

也有研究者对词汇学习等进行了研究。有学者认为，词汇是通过情境进行学习的，电视的视听情境对儿童词汇学习是有益的，所以儿童可以从电视中习得词汇，尤其是在缺乏刺激的环境中，电视可以作为儿童早期语言发展的替代品。如施拉姆等(Schramm, Lyle & Parker, 1961)以来自两个城镇的儿童样本进行研究，来自有电视的城镇的儿童在词汇方面做得更好。而对两个城镇的儿童进行知识的测试，之间并没有较大差异。更有研究通过对大量在观看电视情境下父母对儿童进行词汇教学的案例进行观察，发现儿童是可以习得这些词汇并纳入到知识基础中的(Lemish & Rice, 1986)。这一研究与另一项实验室研究如出一辙：学前儿童从电视中习得词汇，尤其是关于物体与属性的词汇(Rice & Woodsmall, 1988)。但也有学者持相反观点，在一项加拿大比较研究中并没有证据可以表明，有电视的城镇的儿童在词汇方面的优势。反而，在一些电视普及的地区，观看电视与词汇量之间呈现出了负相关关系(Harrison & Williams, 1986)。对于低智力儿童而言，这种关系却倾向于正相关。还有一些学者认为，观看电视与词汇学习并无直接关系。如在一项纵向研究中，12 到 15 月龄的婴幼儿被随机分配到两个组，实验组观看 6 周电视节目，在其中突出显示关于房子及周围事物的单词。而对照组不施加任何干预。实验结束后，对两个组儿童的表达能力与接受能力进行测试。实验组的儿童并没有比对照组习得更多的词汇。所以，很难笼统地阐明观看电视与儿童词汇学习之间的相关关系。

实际上，电影、电视等媒体对儿童学业成就的影响是极为复杂的，与很多因素有关。这些因素除了观看时长以外，还可能会有儿童的特征、屏幕媒体刺激的特征、儿童屏幕媒体使用时的多样化环境变量等，不能一概而论。总的来说，精心设计的适宜儿童年龄的教育类电视节目，通过恰当的应用，对儿童的学习是有益处的。

2. 大脑发育

影响大脑发展的因素主要有 5 个方面，分别是遗传基因、环境刺激、营养、类固醇以及畸胎原,这些因素有些是先天因素,有些是后天因素。环境刺激是大脑发展重要的影响因素之一。美国著名神经学家盖瑞·斯默尔曾在《大脑革命——数字时代如何改变了人们的大脑和行为》一书中指出,"随着新技术带来的新动作、新任务而形成新的思维方式,儿童的大脑将产生神经递质,形成新的树突和突触,以适应这些新形态的'任务',而最终这种进化性的变化将影响到今后几代人的大脑。环境可以塑造大脑的形状和功能,并且是没有极限的"。为了使之能够对环境做适当的反应,人们必须形成与经验相符的心智表征。那么,电影、电视等媒体所塑造的环境,也会对儿童的大脑结构及脑区功能带来一些影响。从已有文献来看,观看电影、电视对儿童大脑发展的影响形成了不同的结论,有一些是积极的,也有消极的。

费特(Fite, 1994)通过广泛的文献调研,发现并没有可信的实验证据来证明,在观看电视与大脑发展之间存在的明确关联。在两个实验研究中,在儿童观看电视的时候,以其头皮的电子信号作为大脑皮层活动的标志,进行测量。首先,在儿童观看电视时的脑波与其他清醒状态的活动时的脑波是十分相似的。这说明观看电视的时候并没有在大脑产生被动或不专心的活动。第二,观看电视的时候也没有呈现出所谓右脑的活动。但结果发现,儿童观看电视时,两个脑半球的皮质都参与到了复杂感知和知觉体验相关的信息加工过程。

也有学者在研究中同时看到了电视给儿童大脑带来的一些积极的和消极的影响。日本学者竹内等(Takeuchi ed al., 2015)以133个男生与143个女生作为研究对象,检视了观看电视的时间与脑区灰质/白质体积(rGMV/rWMV)之间的横断面关联。他们还进行了一项长达几年的纵向研究,以111个男生和105个女生为对象,检视观看电视给大脑所带来的长期变化。通过分析,发现观看电视对儿童大脑的额极皮层和内侧前额叶区域的rGMV产生了积极的影响;在横断面研究中,观看电视对儿童大脑的视觉皮质区域的rGMV/rWMV产生了积极的影响;在纵向研究中,观看电视对儿童大脑的下丘脑/隔膜以及感觉运动区域的rGMV带来了积极的影响。同时,他们在横断面研究与纵向研究中也发现了观看电视对言语智商的消极影响。这种解剖学的关系可能与之前已经知道的观看电视对语言表达能力、攻击性行为、身体活动等的影响有关。而且,研究结果显示了观看电视对大脑额极区域的影响,该区域与智力有很大关联。

2.3.2 交互媒体的影响

计算机等交互媒体迅速兴起与风靡,受到儿童的青睐。儿童看电视的时间逐渐减少,他们用更多的时间玩游戏、上网等。就像电视批评家罗伯特·L·谢昂(Robert L. Shayon)在1952年系列报纸上指出电视像"新花衣魔笛手"那样,公众的评论在20世纪80年代开始转向交互计算机产品以及沉迷于其中的儿童。与早期电影、电视的单向接受不同,儿童在使用交互媒体时是积极地卷入到学习过程中的,那么交互媒体对于儿童的影响是得到了强化还是消减?这些日渐成为学术界关注的话题。以下从学业表现、大脑发育等方面进行综述,以检视交互媒体对儿童影响的实际的证据。

1. 学业表现

交互媒体是否与学业表现有关联?计算机作为一类典型的交互媒体受到人们的关注,最初关于儿童与电脑的研究集中于儿童使用电脑的时间、儿童的电脑使用偏好、对其他活动或娱乐时间的影响。有学者认为,使用计算机会减少儿童在其他学习活动上所花费的时间,因此会对学业成就带来负面影响。有学者持反对意见,认为儿童在学校使用计算机,不一定会减少儿童在学习活动上的时间,并不一定与可测量的学业成就有关联(Becker, 1987)。

儿童在家里使用计算机可能会影响他们在学校环境中的计算机使用体验。但是家庭计算机的使用对学业成绩的影响并不明晰,这个关系会受到一些复杂因素的影响。在一项关于家庭计算机使用的种族差异及其对在校学业成绩的影响的研究中发现,来自不同性别、社会经济地位、种族的儿童,家庭计算机使用的频率,方式可能也会有所不同,随之而来的是从家庭计算机中的获益也有所不同(Attewell & Battle, 1999)。研究者使用全国教育纵向研究(National Educational Longitudinal Study, NELS)的数据,检视了家庭计算机使用与学校学业成绩之间的关系。结果表明,不考虑家庭的经济收入情况,家里有计算机的八年级学生,在数学及阅读方面取得了较高的学业分数。但是同时也发现,社会经济状况较好家庭中的儿童,相比较社会经济状况较差家庭的儿童,获得较高的学业成绩。对这些结果的一种可能的解释是,父母亲在儿童计算机活动的投入程度不同。一般而言,儿童投入到有益的计算机活动中,会有父母的陪伴或共同参与。家庭交互媒体的使用是否会对儿童的学业成绩有贡献,什么类型的家庭交互媒体会对学业成绩有贡献,这些问题仍需要更深入的探究才能找到答案。

也有学者关注计算机对儿童语言发展的影响。一些学者认为计算机起到了积极作用,计算机为儿童语言的使用提供了极好的平台。比较了儿童使用计算机和从事其他活动时的语言活动,发现在计算机活动中每分钟使用的平均单词量几乎是其他活动(如玩橡皮泥、积木、艺术活动或室外游戏)的两倍(Muhlstein & Cropt, 1986)。也有学者持相反观点,认为计算机对儿童语言发展的作用是消极的。黄彦科等(2018)指出,对语前期、学前期儿童而言,过度的媒体暴露会对语言能力造成负面影响。他们使用贝利儿童发育量表及《婴幼儿韦氏智力测验》对儿童的语言能力进行评估,发现每日接触媒体时长大于3小时的儿童,语言能力的评分显著降低。

电脑游戏也是一种重要的交互媒体。玩电脑游戏究竟是否会影响儿童在学校的学业表现?三种观点并存。第一种观点是游戏尤其是教育类游戏,增加了学习的趣味性,对儿童的学业表现具有积极的促进作用。研究者以位于贫困地区的二年级小学生为样本,以智力型电脑游戏如拼图、推理游戏等作为干预条件,从二年级跟踪到四年级,实验班的儿童每周在学校实验室里利用上课时间玩1小时电脑游戏,对照班则不进行干预。研究结果发现,两年之后,实验班的数学成绩显著高于对照班(Bottino, Ferlino, Ott & Tavella, 2007)。第二种观点是游戏对儿童的学业表现具有消极的影响。以平均年龄为12岁的儿童为研究样本的一项1年纵向研究,考察电脑游戏对儿童学业表现的影响,结果发现,玩视频游戏与学业成就存在负相关,但这种相关关系依赖于初始的学业成就水平,并随着时间的变化而变化。第三种观点是,玩电脑游戏与儿童学业成就之间并无显著关联。有研究表明,儿童玩电脑游戏的时长、内容等与儿童的数学学业成就不存在显著相关(Wittwer & Senkbeil, 2008)。总之,电脑游戏对于儿童学业成就的影响涉及多方面的因素,除了投入时间外,还会受到游戏类型、游戏内容、动机、自尊、自我效能感等多种因素的影响。研究表明,经过精心设计的适宜儿童发展的教育游戏,对学业成就有积极的作用。芬兰发布了一款图形游戏对在不同的语言环境和文化背景下儿童的读写能力培养具有很好的效果。韩国的一项实验研究中,某小学通过前测选取了两个水平接近的班级分别作为对照班与实验班,实验班使用多角色扮演的网络游戏进行英语教学,对照班使用传统面对面的课堂教学。结果表明,与对照组相比,实验组学生在英语的听、读和写方面的成绩显著提高了(Suh, Kim & Kim, 2010)。

2. 大脑发育

交互媒体增加了交互功能使儿童在参与中学习,那么交互媒体会对儿童的大脑结构及脑区功能带来更大的影响吗？从已有文献来看,交互媒体对儿童大脑发展的影响也形成了不同的结论。

埃尔多安等(Erdogan, Bilgin, Turan & Akin , 2009)使用功能性近红外光谱学(fNIRS),对24名儿童(玩视频游戏12名,不玩视频游戏12名)进行了视频游戏对儿童大脑血液动力的影响研究。研究者要求被试完成一个任务转换实验,在此过程中,使用近红外光谱设备对大脑前额叶皮质的氧水平进行测量。与对照组相比,玩视频游戏的儿童组,呈现出了对刺激的较短反应时间($p<0.02$)以及低错误率($p<0.04$)。随着任务难度的加大,他们大脑前额叶皮质的氧水平也会提高,能够在游戏中保持较好的表现。结果表明,视频游戏改变了视觉技能以及手眼协调能力。实验组儿童的大脑前额叶皮质的较高的氧水平,说明大脑中的血管根据执行功能区域进行调节。

关于视频游戏的研究表明,玩视频游戏,即使是比较短的时间,也会促进认知能力的提升。与这些能力关联的神经系统可以通过关于神经影像的研究来理解。海尔等(Haier et al. , 1992)是较早的通过神经影像来研究视频游戏的学者。研究者要求8名被试4—8周内每天玩俄罗斯方块游戏,并使用正电子发射计算机断层显像(positron emission tomography, PET)扫描技术对被试在玩游戏之前、玩游戏之后进行扫描,通过观察发现,这些被试出现了大脑葡萄糖代谢的显著减少的情况。因为玩视频游戏时需要完成一系列的认知任务,如要追踪屏幕上的物体、记住目标的位置、辨别目标的方向、运用鼠标和键盘对目标进行精确操作,甚至还涉及推理、决策等。所以神经元需要的葡萄糖就越多。大脑为了对神经回路的更加有效地利用,导致局部葡萄糖代谢的减少。

2.3.3 沉浸媒体的影响

沉浸媒体让人更加着迷,对儿童的学习也带来了很大的影响。那么以感官沉浸为特征的具身学习,对于儿童学习的影响究竟是怎样的？以下仍从学业表现、大脑发育两方面进行综述。

1. 学业表现

沉浸媒体的使用能否促进儿童的学业表现,有一些不同的结论。有学者的研究结果呈现了高度的积极作用。比如,海尔达尔等(Heldal et al., 2005)指出,那些通过沉浸媒体平台的学习者,与那些没有使用沉浸媒体,或者是在面对面条件下学习的学习者相比较,在协作学习任务中呈现出了较高的投入程度。通过在面对面环境与基于网络的环境中提供在场、及时的感知,沉浸媒体可以有助于为更广范围内的学习者带来高质量的、富交互的学习体验,从而有助于促进儿童对相关知识的理解。

虚拟世界是一个用户可以使用符号代表自己与他人互动的线上社会空间,在很多方面与视频游戏很相似。虚拟世界更多地将焦点集中于支持社会交互,使用户创造他们自己的世界。对于更多人来讲,是这些可生性的本质,使得虚拟世界成为具有吸引力的沉浸媒体。多用户虚拟环境(MUVEs, Multi-user virtual environments)可以呈现复杂的线上世界。有研究就描绘了虚拟世界在儿童学习方面的应用(Grotzer, Tutwiler & Dede, 2011)。哈佛大学教育学院使用多用户虚拟环境开发了一款面向中学生的生态系统课程(Eco MUVE),使用该课程对学生进行教学,结果表明,该课程有助于增进学生对生态系统的因果模式及作用过程的理解。

有专家采用准实验研究法探究了虚拟现实装置对儿童学习的作用。学习内容为"太阳和地球之间的引力"的知识,学习时间为两周。实验组儿童在沉浸式虚拟环境中使用触觉的力反馈装置来学习,控制组仍进行传统课堂教学。实验结束后,测量学生对知识的理解以及对物理学科的态度。结果表明,虚拟现实的触觉反馈装置的使用,对儿童的知识理解、学习动机等方面产生了明显的积极影响(Civelek, Ucar, Ustunal & Aydin, 2014)。

西班牙学者萨苏埃拉等(Zarzuela, Díaz-Pernas, Calzón & González-Ortega, 2013)介绍了一款面向儿童与残疾人的,基于增强现实技术开发的游戏。该游戏基于一个动物园搭建了虚拟的平台,结合动物的主题设计了一些3D元素,包括一个主要的场景以及一些不同的场景。使用者可以通过智能手机,与这些场景中的元素进行交互,可以用于提升学习者关于动物主题的知识。增强现实技术(Augmented Reality, AR)延伸了传统教材的功能,这一点可以用三维计算机图像(3DCG, three dimensional computer graphics)和声音技术解释大脑结构来说明。而且,研究者通过实验法与问卷调查表明,AR在课堂中的应用,有助于儿童对于数学形状的学习(Kondo, 2006)。研究者使用三维计算机图像和AR技术开发的教学材料用于儿童的地理课堂教学,结果表明它们对于提升儿童学习体验是成功的,而且儿童在区域名称及地理位置方面取得了较高的分数(Teshima & Kosigi, 2009)。

上述这些研究都得出了较为积极的结论,也有一些学者得出了相反的结论,也就是在儿童的学业表现方面,沉浸媒体与传统媒体并无显著差异,甚至可能会给儿童学习带来消减作用。如日本学者进行的一项外语学习的实验研究,研究者基于印刷教学材料的内容,开发了一个AR应用。实验组使用AR进行语言的学习,对照组使用印刷教学材料进行学习,两个组的外语学习成绩并不存在显著差异。再如理查兹和泰勒(Richards & Taylor, 2015)使用实验法开展的研究。在该项研究中,对照组与实验组分别使用2D和3D虚拟技术(Net Logo和Unity)构建的复杂生物概念模型进行学习,并分别在学习前后针对两组儿童的概念理解进行测试,以对比学习效果。研究发现,2D模型的使用明显提升了学习效果,而3D模型反而阻碍了学生对此模型的迁移应用,对相应概念的理解没有促进作用(Miyosawe, Akahane, Hara & Shinohara, 2012)。

2. 大脑发育

沉浸媒体的感官沉浸特征是否对儿童大脑发育有影响？这是非常复杂的,有学者得出对大脑的部分区域有积极影响,对部分区域有消极影响。比如,在沉浸虚拟环境中,大脑活动是如何受到虚拟现实技术(Virtual Reality, VR)两个主要参数——沉浸交互与3D运动影响的？研究者通过心理旋转任务使用fMRI对大脑活动进行测量,通过观察脑区的心理旋转网络,得出如下结论：VR的沉浸交互元素,促进了网络核心区域的激活,在大脑的额运动区域和预备运动区产生了明显的效果；而3D运动这一元素的促进作用,受到了视觉区域的限制。研究者将这些与脑机接口相关的认知理论与潜在应用联系起来(Sjölie et al., 2010)。

有学者认为,虽然沉浸媒体是虚实结合的,但在教学中的应用并没有引起儿童大脑特殊变化。在一项实验研究中,研究者应用增强现实软件开发工具包编写AR应用程序,使用3D建模软件对AR教学材料进行3D建模(Miyosawa, 2012)。

此时大脑活动通过NIRS(多道近红外光谱脑波测量设备)进行测量。在大脑的活动区域,会有血流率的增长(也可以用血红蛋白水平oxy-Hb来表示)。

在该项实验研究中,实验组与对照组采用不同的实验干预条件,实验组使用AR应用,对照组使用相同学习内容的印刷材料。实验结束后,对两个组儿童的学习测试结果以及NIRS设备监测学习过程中的大脑活动进行比较。结果显示,虽然实验组儿

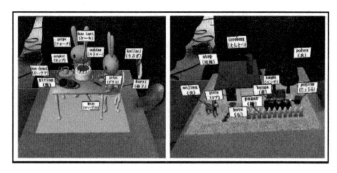

图 2-4 AR 教学材料及场景

童呈现出了更多的学习兴趣,但是两个组学习测试的结果并不存在显著差异。而且,与使用印刷教学材料的儿童相比,实验组儿童也就是使用基于 AR 教学材料的儿童,他们的大脑反而更加被动。

本章小结

电影的诞生使人类迈入了屏幕时代。在技术发展与人性需求的动因驱动下,从电影银幕发展到电视荧屏,从计算机屏幕发展到移动智媒屏幕,

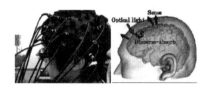
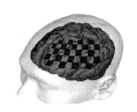

图 2-5 大脑区域活动的测量

屏幕媒体逐渐成为人类社会的一种嵌入式存在。成长中的儿童也时刻处于屏幕媒体的裹挟之中,他们的学习是否会受到屏幕媒体的影响?如果有影响,那么影响是正面的还是负面的?这些问题引发了科学共同体、社会公众、政策制定者等不同群体的广泛讨论。来自不同领域的研究者从不同视角、不同侧面切入,使用多样化的研究方法对这一问题进行研究,产生了很多研究成果,这些研究为屏幕媒体与儿童学习之间的关联提供了更广阔的解释。

虽然相关研究很多,但并不能笼统地说,屏幕媒体对于儿童学习的影响究竟是好还是坏。它们对儿童学习既产生了一些消极的影响,也呈现出了积极的结果。正如菲什所说,"如果我们相信媒体对儿童的不良影响,那么我们就没理由不相信儿童可以从媒体中获益"(Fisch,2004)。屏幕媒体对于儿童学习的影响与很多因素有关,如媒体

的形式、观看的时长、儿童的个人特征、刺激的特征、使用情境等因素及其之间的相互作用。因此,在讨论屏幕媒体对学习的影响时,要综合考虑多方面的因素以及深层的影响机制。

从已有研究来看,对于屏幕媒体与儿童脑智发育的研究相对较少,还有很多问题有待进一步深入研究。

第 3 章

媒体所丰富的学习环境

经历了多次时代更迭与技术变迁,媒体也走过了"单向—交互—沉浸"的发展历程,电影院屏幕上晃动的画面和场景、电脑里不时响起消息提醒的社交网(social network services,简称SNS)、商场里从虚拟现实技术(VR)体验馆传出的叫声和笑声……媒体在当今生活中以各种形态扮演着人与人、人与信息之间的中介角色。信息媒介的变换,同时带来了学习场所、学习工具的一次次更新和迭代。富媒体化的学习环境,不仅为学习者的感知觉提供了更广更深的体验场域,在学习的各个阶段提供智能化的反馈;而且打破了时间和空间、虚幻与现实的物理界限,支持学习者随时随地与来自世界各地的学习者,甚至虚拟代理进行互动交流,获取最适切的学习资源,实现个性化发展。

当前关注媒体进化与学习环境发展的多为课程教学、媒体技术、脑科学、感官心理学领域专家。一些学者聚焦于各种媒体对于使用者视觉、听觉以及运动知觉的支持和延伸,试图通过基于感官心理学或是脑科学的理论及实践探寻其中的缘由与奥秘(Green & Swets, 1966;赵仑 & 高文彬,2007);一些学者关注媒体对于不同阶段和不同场所的学习的支持作用,通过搭建并践行学习框架和模型梳理各媒体在学习过程中的职能(陈民,2016;王伟东 & 金义富,2015;余腊生 & 彭杜葳,2008);还有学者强调媒体技术促进了学习者个人学习和协作学习等不同模式下的学习,关注自适应技术、可穿戴技术、具身技术等在拉近个人与学习系统、个人与同伴、个人与环境之间的距离,提高学习效率、体验和效果上的显著作用(郭朝晖,王楠 & 刘建设,2016;刘海韬,尚君 & 吴旭,2016;王辞晓,2018)。各领域专家通过不同的研究视域达成了跨专业、跨时空的学术对话,共同解读媒体技术的进化与迭代对与之相生的学习环境的影响路径。

3.1 丰富学习环境的媒体技术

学习环境伴随着教与学活动的发生而形成,不但包括空间内的物理设施,还包括各元素之间的相互关系。在技术匮乏的遥远时代,学习环境的构建相对简陋单一、仅作为提供场地的教学空间而存在,而不再提供额外的学习支持。随着历史的推进,社会技术发展水平逐渐提高,新一代媒体技术不断发展,它们不仅给学习环境带来了外观上的变化,还增加了元素间关系的复杂性,使学习环境内的各要素紧密联系成完整的信息网络,共同为有效学习的发生和开展保驾护航。各种媒体技术的发展为学习环境注入了新的活力,使得学习环境不再仅仅是"学习场所"的代名词,而赋予了其包括资源提供者、交互反馈者等更丰富的角色定位。

3.1.1 媒体进化与学习环境的发展

当媒体技术进入教育领域,承载教学和学习活动的学习环境随之改变。正如皮耐登默(Pirnay-Dummer)等人(2012)所说,技术的发展刺激了研究者和教育者去拓展学习的概念和学习环境的设计。媒体进化史也是学习环境的发展史。

从前口语时代到文字时代,人们沟通与交流的主要媒介从肢体语言转为文字,信息得以用统一确切的标准进行记录和传播,从而不断继承改良。学习环境也由最原始的大自然山林和朴素的生产活动逐渐转化为国子监、庠序、私塾等标准场所。进入19世纪下半叶,留声机、摄影机、电视等电子媒介相继出现,音频、图像、视频替换了单调的文字媒介,催生了一批应用于教学的物理设备,在"班级授课制"模式下提高了教学效率。

20世纪80、90年代,计算机开始普及。时任美国副总统的戈尔首次提出了"数字地球"的概念,并衍生出包括"数字校园"在内的诸多概念(黄荣怀,2009)。教室内的物理设备彼此互联,中央控制台对教学硬件设备如计算机、投影机、音响设备、交互白板等的控制,增加了传统学习环境元素间相互关系的复杂性。至此,学习环境的研究与实践正式步入数字化时代。

2008年,IBM首次提出"智慧地球"的概念,表达了利用先进信息技术使地球上存在的一切事物智慧化的美好愿景。这种思想渗透到不同领域,随之催生了各种变式概念,"智慧教育"就是其一(祝智庭 & 贺斌,2012)。在先进教学、学习理论和思想的指导下,泛在设备如传感器技术,以及无线网络的出现使全方位学习情境信息的感知和获取成为可能。集成的商业分析软件能对已有信息进行科学分析和数据挖掘,在此基础上可以建立学习者画像模型。自带设备理念的普及、物联网、可穿戴技术的发展为移动终端的信息传输提供了便利,不同学习者能够即时收到个性化推送学习任务和学习建议,进行协作会话,促进自身智慧能力的形成和发展。各方媒体不再相互割裂,各自为政,而是在学习过程的不同环节和模式下担当自身的技术角色,它们的集成与协作为智慧学习环境的搭建提供了条件。

3.1.2 媒体发展与感知觉的增强

在技术的推动下,媒体形态在自我革新或消失遁形中不断进化发展。在媒体技术的辅助下,学习者所能捕捉的视觉、听觉、触觉信息也加入了大量的细节。如果把学习者接收媒体所传达的信息比作看一场电影,那么媒体的发展就像是邀请台下观众成为群众演员,进而成为主演的过程。起初,学习者只是用眼睛看,用耳朵听画面的旁观者;之后,转变成能够与画面中的主体进行简单交互的参与者;最后,成为置身其中响应高级交互的操纵者。

1. 传统媒体:"活色生香"的书本

在固化印象中,以纸质文本为代表的传统媒体能够传递的信息苍白抽象,难以调动除视觉以外的感官参与,在增强学习者感知觉方面相较于之后的单向、交互媒体等稍为逊色。事实上,关于书籍增强感知觉方面的研究也确实十分有限。但近年来,开始有学者对感知觉在书籍设计上的应用进行了有益的探究。比较常见的是将感知觉理论导入到幼儿读物的设计之中,强调通过特定的书籍排版和设计,加强阅读中的视觉、听觉、触觉感受,促进幼儿大脑全方面的发展。例如,在视觉上,注意色彩纯度和明度,添加稚趣可爱的插图;在触觉上,尝试多种新型材质和工艺;在听觉上,添加特殊的发音装置等(王如,2013;王文婷,2013)。让幼儿在通过阅读了解、接触世界的过程中有更拟真更丰富的体验。

2. 单向媒体:缤纷多彩的视听盛宴

1895年12月28日,法国卢米埃尔兄弟在巴黎卡普辛路14号咖啡馆放映电影成功,从此,大银幕时代正式到来。鲜活的人物形象、变幻的背景画面、恰到好处的配乐、艺术化的剪辑手法,给予观众多样而丰盈的感官体验。随后,电视的发明和普及使得大众化的信息传播更为广泛。在课堂上收听教育节目转播、观看教学电影,成为一代又一代学生的时代记忆。

在一般情况下,人们看到的电视节目、听到的广播内容都是从视线前方传来的单声道或双声道信号,这种平面的声音得不到场景所包含的氛围声音信息。2012年杜比实验室发布了全新影院音频平台——杜比全景声(Dolby Atmos),它能够结合影片内容呈现出包含更多声音细节的动态的声音效果,大大提高了观众的感官体验。相比普通模式,杜比全景声所带来的沉浸式体验在观看电影、电视直播以及音乐会时所展示的优势尤为明显。2016年里约奥运会和欧洲杯比赛实现了全景声的制作和播出;目前国内各大城市都有影厅升级为杜比全景声配置,也陆续有采用该项技术的影片上映。自然真实的声效、崭新的声音定向方式,让观众仿佛真正置身于电影画面、比赛现场,感受更具冲击力和逼真感的视听盛宴。

有学者指出,在看电影时,观众接受到的视觉和听觉刺激来自同一个物体,两种神经信号的交迭和融合为人们提供了更为准确的知觉信息(郑亚冰,2011)。画面中声光、影像、形状等的变化能提高感知觉的灵敏度,进而推动感知觉推理能力的发展(陈童,2016)。但有学者从心理学的角度出发,分析提出电视、电影等单向媒体所传达的过多的视听感官刺激会不断改变正常的感知反应能力(陈春丽,2008)。镜头、画面的快速切换要求大脑不断适应新的运行工序,使观众久而久之变得麻木不愿思考。从另一方面来说,在看电视的过程中,学习者不能用手触摸到真正的事物,也不能用鼻嗅到真实的气味,相比感受更多的是"接纳",因此是一种缺乏触觉、嗅觉参与的活动。

近年来,3D、4D甚至5D、6D配置成为人们选择电影院及影片的重要考量因素。观众戴上3D眼镜,即可享受比普通投影更为立体的临场感受。仿佛电影中的高空坠物真的会砸到身上而不由自主闪避。之后的4D甚至于到5D、6D则着重在放映现场制造符合当前影片内容的特技效果,如制造烟雾、水、风、气味、震动等,配合可多角度转动的座椅,使观众在观看电影时能获得包括视觉、听觉、嗅觉、触觉等全方位立体感受,融入电影情节之中,将静态观赏变为动态参与。

3. 交互媒体:以人为本、互动参与

20世纪90年代,万维网诞生。此时虽然出现了通过互联网进行信息互联的交流形式,但人们还是习惯于被动接收互联网上的内容。仅仅过了十年不到,新世纪的互联网迈开了向互动应用服务进军的步伐,进入了新媒体时代,即逐步完成从单纯强调信息内容丰富性的网络(Web)1.0时代向注重自主性和互动性的网络2.0时代的转变。网络2.0一改1.0模式强调单向传递而缺乏互动参与的缺陷,强调服务的自主性和内容建设的参与性。用户不但可以"读"信息,更可以"写"信息。博客(Blog)、维客

(Wiki)、社交网等社会性软件成为人们表达自身、传播信息的工具。以机构为主体的公共传播不再垄断互联网市场,以群体协作、个人创造为特征的新传播模式逐渐流行。个体之间、个体与群体、群体与群体之间自由分享自己所拥有的信息,并以此为基础进行协作深化,创造出新的社会型知识。然而,网络2.0依然存在一些弊处:它虽然强调个体与个体、个体与集体之间的互动与传播,但用户在海量信息中往往难以快速匹配到有用的信息。资源无法进行精准聚合,个性化服务也难以实现。网络3.0正是为了适应这种需求而产生。它并不是对2.0版本的全盘否定,而是在其基础上将以人为本的理念更发挥到极致(余燕芳 & 葛正鹏,2014)。以语义网、人工智能为技术核心的网络3.0大大提高了互联网的个性化、智能化和精准化。网络媒体交互设计通过对使用者感觉、知觉、视觉、听觉等方面的刺激,提高与使用者之间的契合度,增强易用性(鲁旭,2016)。

随着网络的流行,网络成瘾作为一种普遍的社会现象也引起了研究者的注意。一些脑科学专家尤其关注网络成瘾者的感知觉功能是否发生异常。赵仑和高文斌(2007)在国际上首次将事件相关电位(Event-related Potentials,简称ERP)应用于网络成瘾的研究,结果发现,网络成瘾者对面孔的识别反应时长更短。在该研究中,作者将其解释为,网络成瘾患者长期接受大量视觉信息,这些信息对大脑皮层的刺激使得这些人群对屏幕视觉信息的早期加工更加容易。然而,贺金波等(2011)的研究却得出了相反的结论:网络成瘾者的面孔敏感性更弱。这或许可以解释为,在虚拟空间中的交流和互动更多地依赖于抽象的语言符号和表情符号,不像现实社交那样需要关注真实的肢体语言和面部表情,因此长期使用网络进行交互的人就在很大程度上削减了辨别、运用这些表情的机会(Gackenbach, 2011)。刘思耘等(2015)也通过实验发现,网络使用经验多的人在面部表情动作词汇和肢体动作词汇上的加工方式都与网络经验少的人有所不同。他们指出,可能正是因为现实中面部表情和肢体动作体验减少,导致了低级感知觉系统的再激活受到阻碍,进而对身体动作图式中系列动词加工产生了异化现象。贺金波等(2012)提出,同一现象的这两种矛盾结果可能与研究材料有关。赵仑等(2007)使用的是卡通面孔,而贺金波等(2011)使用的是真实面孔。而相较于常人,网络成瘾者对于卡通面孔的接触更多,而真实面孔更少。由此可以发现,网络社交的沉溺或许在一方面会提升使用者对虚拟视觉信息的感知觉功能,却在另一方面削弱对真实视觉信息的感知觉功能。

在教学中,交互式电子白板(Interactive Whiteboard,简称 IWB)成为交互式媒体的典型代表。交互式电子白板集传统的黑板、计算机、投影仪等多种功能于一身,兼容多种软件。既能够支持传统的板书教学,还自带一个强大的学科素材库和工具库,教师在课上可以自由调用、编辑素材,或是应用软件进行特定内容教学。教育技术领域研究成果表明,人在学习过程中调动的感知觉器官越多,学习的效果越好(纪河 & 徐永珍,2011)。IWB 强大的交互功能支持多模态教学,调动学习者的多种感官协同运作,有效满足了视觉、听觉、运动知觉等不同风格的学习者的需求(邢郁,2012)。不过,也有学者在梳理国内外相关文献后指出,现今 IWB 的教学应用存在两大极端:夸大其作用导致的学生认知负荷加重,以及"非交互式"应用导致的教学资源浪费(李芒,乔侨 & 李营,2017)。如何充分发挥 IWB 的作用,依然是教学者需要思考的命题。

4. 沉浸媒体:打破虚拟和现实的次元壁

如果说虚拟现实技术(VR)是在现实世界外营造完全虚拟的世界,那么增强现实技术(AR)更像是对于真实世界的信息补充。它能够将虚拟画面实时地叠加到真实场景之中,使学习者置身于感官效果真实的新环境,并同时与真实世界以及虚拟世界进行有效交互。混合现实技术(Mixture Reality,简称 MR)是站在前两者肩膀之上发展起来的混合技术形式,在更丰富的载体中实现数字化现实与虚拟数字画面的融合。三者都是计算机技术与信息技术相结合的新产物,能够使人类感知到在现实世界中难以体验的虚拟信息,达到超越现实的感官体验,最能直观代表沉浸媒体的特征。

近年来,VR 电影逐步走入大众视野,人们都在期待这一颠覆传统电影制作和观影模式的技术将创造出更好的美学体验。陈越红等(2018)从艺术、技术和哲学等多个角度分析了 VR 电影发展的瓶颈和愿景,提出 VR 电影在视觉和听觉方面的模拟较为成功,对眼、耳器官进行了"延伸",但却在触觉、嗅觉,以及触觉的研究上尚不成熟。

VR 技术能够提供丰富感官刺激的特性,它在特殊教育方面的应用成为近年来的研究热点,网络摄像头(Webcam)、微软家用游戏主机体感周边外设(Kinect)、任天堂 Wii 等基于 VR 技术的体感交互设备成为实验研究中的重要工具。李(Li)等人(2012)通过生理监测、观察以及访谈发现,基于网络摄像头的体感游戏教学对自闭症儿童的视觉、听觉、运动觉等方面有积极影响。国内学者雷显梅等(2016)通过倒返实验(reversal-replication design,即 A-B-A-B 实验,指如果行为从基线期 A 到干预期 B 发生变化,在撤销干预后返回到基线期水平,再次介入干预变化又会再次发生,则可以把这种行为变化归因于实验干预)发现,基于网络摄像头的体感游戏能有效提升自闭症儿童的视觉动作协调能力。但也有个别研究显示VR技术的干预效果不够明显。如肖梅克尔(Shoemaker,2013)通过实验发现,基于Wii的体感游戏并没有提高拉美裔自闭症儿童视觉动作协调,以及视知觉和动作协调能力。贡苏克等(Gongsook et al.,2012)提出,鉴于VR技术拥有创建沉浸式时空环境的能力,它还有期望改善注意缺陷多动障碍(attention deficit hyperactivity disorder,简称ADHD)患儿的时间感知问题。

在虚拟仿真游戏中,玩家通过游戏中的"化身"与其他玩家以及虚拟代理进行交互,逼真的情境设置和活动设计,新兴的交互操作方式(基于感应器技术的触摸、声控、体感、红外线感应,以及网络化、社区化、自动化等),再加上竞争机制的引入,大大提升玩家的专注力,增强沉浸感,使玩家实现高度参与下的感知觉体验。在电子竞技中,巨大而丰富的信息量丰富了玩家信息感知渠道的多样性,运动员的视觉、身体等感官都得到了充分的开发(贾鹏 & 姚家新,2005)。作为电子游戏中比较典型的一类游戏,一些基于感官心理学和临床实验的研究表明,动作类电子游戏的经验会影响玩家的感知觉。例如,动作游戏玩家在信号检测的实验中表现出更高的敏感性(Green & Swets,1966)。对于非动作游戏玩家来说,该类电子游戏的训练会提高他们的视觉对比灵敏度,更容易发现屏幕的变化(Li, Polat, Makous & Bavelier,2009)。当视觉刺激和听觉刺激的时间间隔较短时,动作游戏玩家也比非玩家更容易区分其呈现顺序(Donohue, Woldorff & Mitroff,2010)。

基于虚拟仿真游戏的学习环境的搭建,则通过沉浸式界面模拟真实的问题解决社区,可以实现高质量的情境学习。河口城市项目的研究表明,与传统教学以及具有类似学习体验的游戏相比,沉浸式的模拟环境能够使更多的学生获得实质性的科学知识和科学探索技能。其他研究项目(如Quest Atlantis、Whyville等)同样发现,沉浸式虚拟环境能够提高学习者的参与度和学习效果。

随着物联网、可穿戴设备、移动设备等技术的发展,多用户虚拟环境中的场景越来越逼真,运行更加顺畅,参与时间、地点和设备将逐步泛在化,交互更多元化、便捷化。例如,在实际教学中,有些特殊专业或是特殊教学活动具备一定的危险性,或是囿于现实条件,可控性和实现效果并不理想。在此条件下,基于AR技术的可穿戴设备(如头盔、手套等),则不仅让学生有丰富而逼真的情境感知,同时还避免了因为不当操作所可能产生的危险后果。一些自带摄像头的智能产品如手机、平板等，安装 AR 软件后，也能在摄像头拍摄的画面基础上结合虚拟画面进行展示和互动。图 3-1 是手机 APP 天文孩子 2(Star Walk2)的页面截图：通过手机定位模拟出的当前星空图与实际街景图的叠加效果。

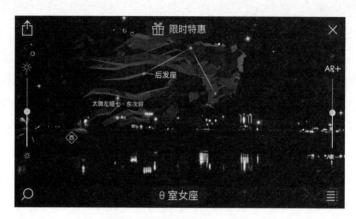

图 3-1 天文孩子 2 游戏截图

3.2 媒体丰富的学习环境对学习过程的影响

在新媒体技术的支持下，学习环境不再局限于传统意义上的空间概念，而在深度和广度两大维度上都有了更深刻的内涵。在深度上，学习环境变得更为智能化。基于网络的计算机学习系统在一个完整的学习过程中充当了有效的辅助角色，在收集信息、路径引导、提供反馈中完成与学习者的双向互动。在广度上，学习环境不再局限于与教学同步的正式课堂学习，而覆盖至包括家庭、社会在内的各个情境下的非正式学习。媒体技术诸如移动终端、可穿戴设备、物联网等的利用除了支持各情境下的学习之外，也成功打通了各情境之间的时空隔膜，为学习的连续性提供了有效支持。

3.2.1 学习中的 Agent 智能化

智能化学习是学习者按照自己原有知识和经验与在线学习(E-learning)系统进行交互从而获得新的知识与技能的过程(赵忠平，2010)。为了支持这种智能化学习，智能代理(以下称Agent)技术在E-learning学习过程中发挥了巨大的作用。Agent是人工智能领域的专业术语,是一个具有自主性、社会能力、反应性和能动性等性质的基于硬件或基于软件的计算机系统(Wooldridge & Jennings, 1995)。通俗地说,学习Agent指为学习过程中的某些组成部分提供支持的技术工具,如引导学生快速有效获取网络信息资源的信息代理(张剑平,陈天云 & 王利兴,2004),即帮助学习者完成低水平重复部分的学习任务,从而让学习者的精力致力于高阶认知和知识创造部分。

一般来说,可以把单个Agent按照结构划分为三种类型:慎思型、反应型、混合型(杜芸普 & 周三元,2003;黄铜城 & 许建明,2005;阮若林,2005)。慎思型和反应型的主要区别在于前者可以在模型内部进行信息融合,而后者不能。但这并不意味着慎思型优于反应型,在反应速度上,智能程度更高的慎思型反倒逊于反应型。混合型顾名思义,综合了前面两种Agent类型的优点(李艳红 & 樊同科,2017)。然而,在实际操作中,由于信息是分散式地分布在各个服务器上,所以单个Agent拥有的信息往往不够完整,服务效率也比较低下(陈研,2017)。因此,需要形成多Agent服务相关联的系统网络,统筹安排一组单个的Agent,使彼此之间产生必要交互从而保障各自和谐一致的工作,联合起来共同达成最终目标。

近年来,国内一些学者尝试搭建支持智能化学习的多Agent模型(余腊生 & 彭杜葳,2008;赵忠平,2010)。虽然在Agent的数量和完整性上有所差别,但总体来说,模型的结构都包括三大内容:教学管理Agent,将教师的教学策略、方法以及整体知识结构模型存储在知识库里,形成教师模型;学习管理Agent,和存储在数据库中相应的学习主体个性知识结构模型相结合,形成学生模型;协作管理Agent,根据学生模型中协作学习者的个人特点划分而成。

以一堂课的具体流程为例介绍各Agent工作机理:正式学习之前,选课Agent引导学生选择课程、确定课程目标,测验Agent组织课前测试,学习Agent和评估Agent通过抽取、比对历史成绩和当前成绩从而确定学习者学习起点,教学Agent为学习者寻找适合的学习规则和策略,导学Agent综合以上信息引导学生进入正式课程学习;正式学习期间,协作管理Agent组织和管理问题讨论;正式学习结束,系统要求学生完成测试题和课程反馈,随后对学生模型进行及时的数据更新。通过协同管理不同Agent,将网络学习中的多种服务关联在一起,在活动节点按需提供流畅的学习资源,以适应学习者的个性偏好。

3.2.2 学习所发生的时空自由化

从视听媒体引进教学开始,固定课程的模式得以打破,时空的维度得以扩展。学生不必严格按照课程表的时间在教室里获取知识,广播电视、音频、视频的流行使得教与学的时空错位成为可能。此后,随着视听媒体的开发技术愈发成熟,教学视频的剪辑和制作成本逐渐压低,技术的发展为翻转课堂的应运而生提供了契机和保障。总结来说,翻转课堂使原本在课上进行的教与学活动一部分转移到课下进行,即将学习过程中"知识传授"和"知识内化"两个阶段相颠倒(邱艺,谢幼如,李世杰 & 黎佳,2018)。翻转课堂的尝试对相同时空下"教""学"并进的传统教学模式提出了挑战。

随着移动技术、在线通讯技术的发展和普及,以远程在线等为基本情境的移动学习等新的学习方式被提出。2006年,台湾学者陈德怀首次在移动学习的基础上提出无缝学习的概念和框架。陈教授认为,无缝学习意味着在移动设备的支持下,学生能够随时在不同学习情境下进行切换并迅速进入学习(Chan et al., 2006)。这项充分利用多种媒体技术和设备的学习方式,实际上实现了包括时间、空间等在内的多维度的跨越(祝智庭 & 孙妍妍,2015)。时间上,课堂学习与课外学习、即时交流与非即时交流得以融合。互联网的普及和网络2.0的发展允许教师在线上空间上传学习资料、搭建讨论平台,而学生可以灵活安排时间进行内容的学习和同伴间的互动;空间上,面对面交流与远程互动、虚拟与现实得以结合。移动设备的普及使学习者不再受到距离的限制,而是能随地连接网络与千里之外的同伴进行交流。高度仿真的虚拟型电子游戏和线上应用帮助学习者突破空间上实际条件的限制,体验多样的学习情境,扩大学习范围。

3.2.3 学习的支持全面化

近年来,以媒体技术为武装的学习环境对于学习者在学习资源、智能工具、教师、同伴等各方面的学习都提供了有力的支持。它不仅能够支持校内学习和正式学习,也支持校外学习和非正式学习。在各媒体技术的通力协作下,学习支持是全面的、无缝的,是跨越学习时空以及学习模式的全方位覆盖。

在学校学习中,媒体对于学习的支持主要表现在课堂学习和校园活动两大方面。在课堂学习情境下,平板电脑等移动设备帮助学生获取更广泛的数字化学习资源,让学生可以个性化地安排学习速度,方便及时地与教师进行互动反馈。由此,教师能够更清楚地掌握学生的学习进度和学习情况,学生也能够通过适时的反馈更快地进行自身知识的建构过程。同时,以移动设备为主要载体的社交媒体的使用,也有效支持了课堂同伴之间的互动与合作。例如,唐承鲲等(2015)在《立体构成》课程中,使用微信社交软件进行拼图式合作学习实验研究。结果发现,社交媒体的使用加强了学生之间的交互沟通。除此之外,学生的学习交互、感知趣味性及竞争感也得到加强。王伟东等(2015)结合电子书包、基于大数据的学习分析等多种数字化学习相关技术构建了一种一对一数字化互动反馈智能课堂学习环境。学生可以使用智能手机、平板电脑或是个人电脑作为移动终端,既可以利用数字资源进行自主学习,也可以在教师的组织下进行分组协作学习。同时还可以参与课堂上的各种互动环节如抢答、投票等。学生的学习路径也由此被记录分析,并在下次推送更具个性化的学习方案和资源给学生。该环境以丰富多样的学习资源和个性包容的组织形式充分满足不同水平学生的求知欲望,并且促进其养成会搜索、善交流的良好学习习惯和品质。

在校园活动情境下,物联网将教室中的硬件设备通过网络进行互联,从而即时分析教师与学生的需求信息,并及时进行调整,进而提高教学管理效率,保障学生校园学习的便利性和安全性(李卢一 & 郑燕林,2010)。如随时监控照明灯以及计算机屏幕的亮度,将其调至合适水平保护学生视力;介入到实验教学环境之中,当学生对实验器材操作不当时会自动触发报警;利用射频识别技术(RFID)统计学生出勤情况,监控校园访客,随时感测学生体温等等。中国地质大学的陈民(2016)利用物联网技术,在校内布设温度、湿度、水浸、烟感等传感器,进行远程监控,保障环境安全;对灯光、空调等主要电力设备进行集中管控,分析设备数据,实现自动开闭。通过上述方法可以有效减少了学校繁重的管理维护工作以及能源浪费现象,为学生打造了一个更为安全节能的学习环境。

在家庭学习中,一个被普遍关注的问题就是如何打破距离的隔阂,实现师生之间、生生之间顺畅的课外交流,进而实现更深层次的探究式学习。起初,电子教材的使用成为解决这一问题的主要方法。电子教材好比是课外连接教师和学生的技术桥梁:学生通过电子教材完成教师布置的课外作业,在需要指导的时候"呼叫"老师进行一对一辅导;教师通过电子教材获知学生预习情况,从而在课堂上进行有针对性的重点教学,即通过电子教材实现教学资源调配和学习进度跟踪。随着QQ、微信、微博等各种社交媒体平台的兴起和普及,跨越空间的即时互动成为可能。基于社交媒体平台的学习模式也逐渐应用到实践中去。例如,蒋志辉等(2016)为探讨基于微信平台的"多终端互动探究"学习模型的实践可行性,开展了基于该模式的主题探究学习活动。研究结果表明,学习者能主动参与探究学习,在学习效果、互动交流、微信的操作等三方面的满意度都比较高。

在社会学习中,媒体丰富的学习环境支持学习者泛在的自适应学习。作为典型的社会型学习环境,以科技馆和博物馆为代表的场馆学习环境近年来尤其受到重视。数字化技术的发展为场馆学习输送了一批高交互计算机设备,这些设备的应用会给参观者留下认知留存,使学习带来的影响更加持久(李志河 & 师芳,2016)。虚拟现实(VR)、增强现实(AR)、混合现实(MR)技术使得学习者在原有实体场馆空间内享受到更立体逼真的展品信息,或是置身于已经消失的虚拟历史情境,通过多感官刺激和交互体验留下更深刻的学习印象。基于移动设备(尤其是手机)开发的场馆 APP、二维码、定位服务方便参观者跟随语音讲解、智能导引和推送信息进行随时随地的自助学习。在这些技术的支持下,场馆学习环境下的非正式学习不再是片段式的、盲目的、分散的,而是一站式的体验式学习:一方面,学习者可以通过观看、操作等简单交互获取直接经验;另一方面,各种媒体技术从不同角度和不同方式为学习者提供了解释性经验,有效地支持了后续学习过程(张美霞,2017)。

3.3 媒体丰富的学习环境对学习者的影响

媒体技术的发展不仅带来了教学信息传播方式和传播效果的变化,更由此带来了教学理念和教学形态的改变。近年来,以学习者为中心的理念越来越深入人心,学习者拥有了更多的主导权,学习形式也相比以前更为多样,教学越来越贴合人的需求和发展。在媒体丰富的学习环境下,学习者的特征信息被更完整全面地记录下来,并据此作为制定学习者个性化学习方案、匹配学习同伴的标准和依据。数字制造技术、网络通信技术使得身处同一或不同空间的学习者能够顺利进行信息共享和讨论交流。可穿戴设备、增强现实、电子游戏等技术通过减少学习者与学习环境之间的物理隔膜,使得学习者能够更深入地理解学习内容。媒体技术为学习者构建了一个"个人—同伴—环境"的闭环,在此学习环境下,学习者既能够自主学习自己所需的知识,也能够与同伴进行协作互助,共同学习。而无论是个性化自主学习,还是社会型协作学习,具身技术的存在都是增强学习者学习认知的有效途径。

3.3.1 促进以人为中心的个性化学习

2018年10月,美国教育传播与技术协会(Association for Educational Communications & Technology,简称AECT)在美国堪萨斯召开。会议主题是"全民学习(Learning for all)",以教育公平的视域,强调了新媒体、新技术促进以"人"为中心设计的核心价值。事实上,历史上教育媒体的一次次创造与迭代,都在客观上为学习者个性化学习提供了更有利的技术条件。

20世纪90年代,多媒体互联网交互媒体逐渐取代传统的视听媒体,促进并发展了第三代远程教育(涂涛 & 李文,2015)。自此学习者得以自定步调,通过与媒体的交互吸收自己所需的学习资料,以"学"为中心的教学理念逐步确立下来。

伴随着人工智能的发展,人工智能技术也在教育领域占据了重要地位。它的作用在于可以从各种数据和信息中自动分析出学习者的特征信息、检索出合适的学习资源,从而满足学习者的个性化学习需求(黄荣怀,杨俊锋,胡永斌,2012)。而由人工智能技术兴起所带来的学习者建模新进展也推动了个性化学习支持的领域发展。可穿戴技术由人工智能发展而来,实现了人与信息的无缝联通。内置的传感器和交互技术为数据库提供了更实时、更广泛的学习者信息,如地理位置、姿态表情、健康状态等,进一步充实完善了学习者模型(胡钦太,郑凯,胡小勇 & 林南晖,2016)。

到了21世纪,自适应学习技术成为教育领域热点。国内外学者都试图寻找实现"适应性学习支持"的有效技术路径:国内的自适应技术主要是通过对学习者自身背景因素,如认知水平、学习风格的综合分析来提供适时的个性化服务;而国外的自适应技术更强调通过学习者与系统的实时交互来收集动态数据,从而推荐此时此刻最适合的学习材料(郭朝晖,王楠 & 刘建设,2016)。研究虽然侧重点不同,但都从不同方面收集到了学习者信息,构建了适切的学习者模型。在此基础上,对学习者的特质和学习情况进行诊断和监控,进而在教学节点作出个性化决策,提供适应性反馈。从而为不同学习者提供了适合其个人特征的适应性学习支持,在特定的时刻提供特定的学习内容和特定的内容呈现形式,有助于实现学习者的个性化发展。目前国内对自适应学习的研究工作尚停留在理论研究和小范围开展阶段,但也有一些学者对自适应学习在具体教学实践中的效用性进行了有益的探索。例如,周海波(2018)初步构建了与本土中职教育契合度较高的自适应学习系统,并进行了验证性实验。结果发现,基于自适应平台的个性化学习对普通学习者的学习成绩有显著正向影响;对优秀学习者的学习成绩虽无显著影响,但对其学习兴趣、问题抛弃率以及尝试次数等方面都有正面的影响。

3.3.2 促进学习者之间的社会型学习

当前,数字制造新技术如3D打印、开源硬件、激光切割机等方便了学习者将个人创意付诸于产品实践。而这些高品质工具的成熟与普及则为公共空间的资源共享带来了福音。在设备齐全的开放式物理空间里,学习者以不同的组织形式进行聚会、跨界合作,协作完成创意的实现以至产品化,这就是以创客空间为代表的线下交流的社会型学习环境。

在国外,尤其重视创客空间在创客教育中的重要作用。目前针对学校教育的创客空间主要有"The Make Space""The Make shop""Make Faires"等。在这里,创客们可以使用到包括3D打印机、示波器、激光切割机等在内的技术设备,从而互相协作进行创意产品的制造(李青燕,2017)。特别要指出,在创客空间众多创建模式中,社区整合模式强调社区空间和社区创客应当成为学生锻炼创造能力的设备资源和人力资源,从而为学生们提供更广阔的创意实现舞台以及更广泛的人际交流圈。在国内,一些学者以创客空间理念为导向,构建了创客教育实践模式,并通过实际教学进行了模式验证。例如,王同聚(2016)提出了以智能机器人设计制作、3D打印技术应用和"Scratch"与机器人融合的创客教育"三剑客",构建了"ZC Space创客教育模型",并经过一年多的探索实验,取得了初步成效。吴永和等(2017)从学、做、创三个层面,以及教学分析、教学活动设计、教学评价设计三个阶段,构建出以"学做创"为导向的高校创客教育课程设计模式,通过调查学生的课程满意度以及教学效果,验证了该教学模式的有效性。

除此之外,随着自带设备的理念深入人心,可穿戴设备在教育环境中的广泛应用,社会交往中双向互动交流的程度明显增强:学习者不仅能够方便地在网络平台吸收丰富的学习资源,还可以将自己的想法与成果进行上传,每个人在吸收知识的同时还可以成为知识的贡献者(宋玉琳 & 肖俊洪,2017)。这就是以社交网络为代表的可开展线上互动的虚拟社区。

可穿戴技术因为实现了学习者与物理装备和社会环境的无缝联通,为社会型学习提供了更广泛的平台。它能够收集、分析学习者的行为数据,然后以学习者所在位置为圆心进行一定范围内的同伴搜索,将兴趣相投的学习者联系起来组成一个个学习社群,为每个社群提供针对性的优质资源和学习方式,还可以组织学习讨论,激发学生的学习兴趣(刘海韬,尚君 & 吴旭,2016)。手机、平板电脑、笔记本电脑等设备的广泛使用则方便学习者在社群中将想法与创意及时进行发布与分享,并利用互联网汲取大量资源从而对原型进行改进和充实。已有研究发现,基于在线社交的学习模式由于其具备较为健全便利的交流反馈机制,能够显著增强学生的社会临场感和互动感(Mete & Eunbae,2018)。不仅如此,学生的学习兴趣、自我效能感以及一些学习能力如科研思索和思辨能力等也都被证明有所提升(郝兆杰,2011;贾凌玉,章国英 & 施称,2016;凌茜,秦润山 & 郭俊利,2016)。

值得一提的是,由于可穿戴技术具备展示用户多维度数据的特性,这与青年群体乐于分享、在乎形象管理和他人评价的心理相契合(黄佩 & 王梦瑶,2015)。因此,在分享跑步里程、健康指标、学习进度等数据的同时,用户也自然进入自我管理和他人监控的生存状态。当可穿戴技术成为表达自我态度和状态的工具,用户也就在交际圈的相互模仿和竞争中获得了偶发学习(incidental learning)的机遇和能力。

以上以创客空间和以社交网络为代表的两种社会型学习,一个强调线下的情感互动,一个注重线上的信息共享。在实际实践过程中虽不是泾渭分明,但也存在互相割裂的情况。雒亮和祝智庭(2015)提出,现有实践中的创客空间往往局限于"实体的物理空间",不能够满足学生对于创客教育服务的需求。因此提出了基于线上线下一体化(O2O)架构构建的2.0版创客空间,使线上虚拟空间与线下实体空间相互融合,提供更完善的学习支持。事实上,已有创客空间做出了相应尝试。以国内外创客空间的鼻祖和原型,位于麻省理工学院的微观装配实验室(Fab Lab)为例,它是一个能够为用户提供低成本实验所需环境,实现快速原型制作的实验室平台(王佑镁 & 陈赞安,2016)。用户不仅可以在此通过团队协作实现产品制作,也可以将制作过程上传至FabLab网络进行知识共享。在这里,社会型学习并不完全发生在线下或是线上,而是通过多媒体技术的辅助,打通现实与虚拟、时间与空间的障碍,真正实现整个国家甚至全球范围内的信息共享与社会学习。

3.3.3 促进人与学习环境的深度融合

在传统的认识论中,认知主体在认知过程中承担的是与生活世界相抽离的"观察者"的角色(杜威,2004)。随着知识建构论的逐渐深入,这种"离场"认知观逐渐被"在场"认知观所替代,即认为认知主体与生活世界是相融合,而不是互为对象的。转换到教育情境中,认知主体指的是学习者,而生活世界是学习环境。王美倩和郑旭东(2016)提出,学习者与学习环境通过"在场"实现的融合,实际上是通过具身技术的中介作用实现的。

具身,是指技术仿佛与人体融为一体,一起参与到对学习环境的感知和体验中去(唐·伊德,2012)。而具身技术通过拓展我们身体的感知(技术与人体相融)、加深我们的情境沉浸感,从而拉近人与学习环境的距离(人体与环境相融)。以具身技术营造的具身学习环境,能为学习者提供更丰富、更细腻更真切的交互体验(王美倩 & 郑旭东,2016)。

在具身学习环境的构建中,不同技术通过"增强具身"、"代理具身"等方式对学习者进行物理具身,从而调动学生的感知觉经验(王辞晓,2018)。增强具身,主要指利用可穿戴技术、AR 等工具帮助学习者进行概念理解:可穿戴技术如同各种"假肢",延伸了学生的各种身体器官,通过物理具身间接感知、遥控对象物体,大大扩展了学习者的感知觉范围。例如,学生通过3D眼镜看到的影像内容更为立体逼真,往往能更大程度上引起学生的情感共鸣和态度价值观上的显著变化;AR 技术能够可视化处理抽象的学习内容,加强学生的理解。它所能提供的沉浸式环境也能增强学生的学习临场感和存在感,提高学生注意力(蔡苏,王沛文,杨阳 & 刘思睿,2016)。例如,学生利用 AR 系统能够"看见"磁场、气流等科学现象,并可以通过手势与其进行有效交互(Cai, Chiang, Sun, Lin & Lee, 2016)。在情境交互的过程中获得了感知觉的加强,从而能够更为深入准确地理解抽象概念。

除此之外,学习者通过操纵虚拟人物从而表征自身的"代理具身"的方式,也能够加深学生对于学习内容的理解。一些学者通过研究发现,使用与学习内容相关的电子游戏能够有效地将学习者的理解具身于虚拟世界的动画人物之上,促进学习者对知识的深入感悟(Bai & Black, 2011;Hammer & Black, 2009;Schwartz Blair, Biswas, Leelawong & Pavis, 2007)。

本章小结

媒体技术通过无数次的迭代和更新,为学习者逐步构建了一个感知觉充分参与、即时接受个性化学习反馈的具身学习环境。在此环境中,学习者不仅能够与基于网络的计算机学习系统进行人机互动,还可以顺利与各地学习者进行包括资源分享、协作互助等活动在内的人人互动。而在一次次互动的过程中,学习者的特征信息得以被记录分析,成为形成个性化学习解决方案的重要参考。媒体技术丰富的学习环境,拓展了身体的感知觉、加强了学习反馈、延伸了时空维度,而其根本落脚点还是在于提高每个人的学习体验和学习效果,满足每个人在学习各阶段的不同需求。

第 4 章

碎片化式的信息获取：
所影响的感觉、知觉和基础认知过程

随着移动智能终端的普及和网络基础设施的发展,信息获取学习的内容和方法发生了深刻的变化。在新媒体和屏幕技术的支持下,一种新的信息获取方式已经"浮出水面"——碎片化式信息获取和碎片化式学习方式出现。现代传媒环境具有极度多元化和碎片化的特征(Hasebrink, Jesen, Vanden Bulck, Hölig & Maeseele, 2015),人们对媒体的使用和学习也可以说是碎片化式的(Christensen & Røpke, 2010)。碎片化学习依托移动互联网平台,是突破传统信息获取方式、超越传统文本阅读的"三维立体式学习方式"。它以网络和媒体技术为载体,不仅包括传统的阅读文本,还有声音、图像和其他符号的信息内容。碎片化特征不仅体现在零散的媒体信息和信息资源,还体现在分散的学习时间,以及间断学习的过程和场所。

正因为获取信息的方式随时随地,获取的信息内容变得碎片零散化,青少年和儿童同时能够对学习内容变得"唾手可得",因而也促使教师不再仅仅向学习者"分发"信息,而是更加关注培养青少年和儿童的批判性思维,帮助他们在碎片化信息和媒体中学习如何选择有意义的信息。泰瑞·海克(Heick)创办了"教学思维(TeachThought)"教育平台,并且他认为,因为互联网技术和媒体的发展,教室和教学楼的墙壁变得透明,科技将外面的世界带到了教室之中。查菲(Chaffee)和梅茨格(Metzger)(2001)在碎片化的信息研究中提到:碎片化屏幕媒体共享,将使得目前媒体的效应理论被"摧毁"。互联网时代的信息媒介与电视时代的网络系统比较而言,他们认为碎片化信息是不可避免的结果。

无论技术如何发展,信息化获取的方式如何受到影响,毫无疑问的是:所有的新技术,通过互联网,正在以微妙的方式对我们的思维方式进行塑造。越来越多的研究表明,科技对儿童的不同思维方式既有好处,也有坏处。此外,这种影响不仅仅影响孩子们表面上的思维。相反,由于他们的大脑仍处于发育和可塑性阶段,所谓的"数字原住民"频繁接触科技,实际上会与"数字土著"一代不同,逐步呈现出截然方式不同的思维方式,也正是技术对其的影响。例如,正如科技作家尼古拉斯·卡尔(Nicholas

Carr)所观察到的,碎片化阅读方式的出现促进了大脑专注力和想象力的提升。相比之下,互联网的兴起增强了我们快速有效地浏览信息的能力。而碎片化媒体信息又是快速获取信息的方式之一,同时也对青少年的感觉(Crone & Konijn, 2018)、知觉(Crone & Konijn, 2018)、创造力(Hartnell-Young & Vetere, 2008)以及学习积极性(Junco, 2012)带来正向影响;另一方面,也有研究表明碎片化的媒体信息可能造成学习注意力分散(Landhuis, Poulton, Welch & Hancox, 2007;Brown, 2011)或者影响工作记忆等问题。

碎片化式的信息获取方式可以给我们提供一个不可思议的机会来增强我们的认知,丰富我们的生活(Gazzaley & Rosen, 2016)。正因如此,不能够片面地认为碎片化媒体信息对儿童青少年的学习方式、感知觉、注意力和记忆力产生可能的消极影响,同时需要探索积极的碎片化媒体对青少年儿童的影响,帮助家长、教师和研究者开始思考这些影响是如何作用在儿童青少年身上的,以及怎么避免不利影响。

4.1 屏幕文化促生学习的碎片化

移动互联网的飞速发展,为大众带来了随时随地获取和消费讯息的机会;因而,碎片化加工和处理信息成为一种新型的、客观存在的生活和学习方式。人们对随时快捷地获悉数字化、片段化的新闻和知识内容寄予了积极的厚望;另一方面,碎片化式信息获取过程和学习过程中所面临的干扰和多任务也可能对认知过程带来影响。

4.1.1 碎片化学习"浮出水面"

当物质与精神产生多元诉求的时候,一体化、整体化的特征逐渐被超远。19世纪70年代,布莱恩特(Bryant)指出人们倾向于用"碎片化(fragmentation)"描述多元化;近年来,"碎片化"被广泛用于传媒研究或者与之交叉的领域。互联网有潜力为个体学习者提供更多的自由,使他们摆脱现实世界的物理限制。这通常表现为减少对地点、空间、时间和地理的限制,使个人能够获得高质量的学习和教育机会,而不管当地的情况如何。因此,互联网被描述为允许教育在任何时间、任何地点、任何速度的基础上进行。正因如此,一种新的学习方式正在"浮出水面":无论在教室或者之外的地方,例如地铁等,都可以看到人们在随时随地通过移动设备获取信息。新媒体技术和平板电脑等硬件设备使得人们学习的时间、地点,甚至效率与信息量都发生了巨大的变化。

在信息通信技术的促进下,人类的活动能够跨越时间和空间进行重组和建构,这一行为的出现成为社会科学研究的重要主题之一(Urry,2004)。受社会建构主义和科学技术的研究的启发,碎片化概念涵盖的多维碎片化含义如下:

从时间角度看,碎片化时间指零散的时间和持续的时间段,例如零碎的时间就像是两件事之间的闲暇时间,像是等待地铁、排队等所花费的时间。从获取信息的时间角度来看,与正式学习环境不同,碎片化学习通常发生在相对嘈杂和随意的环境之中,并且学习时间相对零散。时间的碎片化导致了学习的间隔性和碎片化,这一方面与快节奏的生活和工作习惯也息息相关。

从学习资源内容角度看,碎片化内容,指数字化媒体将学习资源内容分散,知识内容之间没有明确的连贯的知识点,其逻辑结构和表达方式也将多样化。学习内容的碎片化,相对于完整的学习或者教学内容体系而言,学习知识的"切割"或者依赖于知识点的学习材料"切割",碎片化学习每次只能获取到其中一块或者数个片段化的资料,局部来讲属于相对完整的结构。

从持续的学习思维来看,碎片化思维是人们利用零散时间获取间断的信息,做出碎片化的判断和思维推理,从而可能导致思考内容的碎片化和决策的间断性。美国波普克维茨(Popkewitz)教授提出"碎片化思维"概念,认为碎片化思维是在互联网时代的思维范式,满足学习者快速地、及时地了解信息。碎片化思维不是片面的,因为发生的时间与获取内容,导致了微观化的思维。也有学者认为碎片化思维将导致缺乏深刻思考,不利于学习者的逻辑推理思维的发展(Zhang,2012)。此外,学习者的洞察力将会退化,有价值的信息和知识可能因为碎片化而被淹没。面对不同的阐述和分歧,不得不承认碎片化学习方式是具有时代特征的学习革命,潜移默化地改变着人们的学习习惯,并在终身学习中发挥着重要的作用。可以大胆地断言,因其数字化资源的丰富和媒体技术的发展,我们获取信息的方式都将以碎片化式信息存在,而碎片化信息获取方式也将影响人们的学习认知、社交认知等各个方面。

碎片化学习是一种零存整取的学习方法,同时利用知识化整为零的方法,将知识材料通过一定方式碎片化给与学习者。日常生活中,人们摄取信息的同时可能都会同时忙于多项事情,或者是同时打开了通讯软件,或者与一个聊天电话同时进行,这些"干扰"都会影响着我们阅读信息的质量和兴趣;并且日常信息的呈现方式可能也多是被"打散"的状态。综上,我们将碎片化学习概括为任何个体随时随地地通过各种媒体以碎片化的方式获取信息,进行知识学习的学习方式,从而提高知识存储量和技能。

构建适应知识碎片化的网络学习平台,提高知识传播效率。所谓"碎片化",我们可以理解为系统地分解知识,对不同的学科进行适当的分段计数,将内容划分为适合较小时间间隔学习的、短小精悍的知识内容。碎片化学习一般具有以下特点:一是灵活性高,知识点碎片化,理解时间变短;二是针对性强,点小,学生可以专注于更有帮助或启发的部分,平台也可以根据学生需求点对点推送给相关人员,提高碎片化学习的个性化;三是吸收度高,知识内容碎片化,学习单个知识的时间更少,能重复密集学习;四是互动的,使用网络平台,推送学习内容,学生和教师也可以进行交互,学生在课后了解掌握知识点时如果有问题,可以跟老师直接在平台上,进行答疑解惑。综上,碎片化学习有利于成人学习者的时间利用,提高知识吸收能力和学习兴趣,改变教师的教学理念和模式,提高教师的专业能力和信息水平。

4.1.2 碎片化学习"众说纷纭"

信息技术的飞速发展,移动互联网给大众带来了随时随地的信息获取和消费,随之而来,以"碎片化"加工和处理信息成为一种客观存在的新型学习和工作方式。碎片化的信息获取、学习碎片化、思维碎片化是现在信息技术快速发展所带来的社会结果,其中还包含了社会因素、心理认知因素等。

在碎片化学习概念的研究中,有的研究认为内容碎片化是把以知识体系为规律和结构的内容"打乱和重组"。除了资源本身的碎片化之外,也有研究认为碎片化学习与认知活动相互影响,学习者通过信息加工对碎片化知识进行意义建构,但是碎片化的内容可能会对认识图式的建构进行干扰,产生认知障碍。然而,也有学者指出微型化学习对知识的掌握有着更加积极的效果,也是混合式学习中重要的一个组成部分(Milligan, Littlejohn & Margaryan, 2013),能够帮助学习者利用碎片化的时间参与短期的学习活动,相比较长周期的课程来说,碎片化学习更能够给学习带来积极的效果和短期的回报。知识内容的碎片化,主要强调将碎片化的知识用于个体学习和组织学习(Daniel, 1993)。卡尔(Carr, 2010)在他的书《浅薄:互联网如何毒化了我们的大脑》中认为超文本链接导致了知识碎片化,碎片化学习方式影响着我们的思维、行为和生活。慕课(massively open online course, MOOC)的出现,恰好也是碎片化学习方式的体现和表征。MOOCs 是一种碎片化的交互式学习方法,通过平台提供内容简短、模块化的视频资源,按照知识结构或者问题引导组织内容。相比传统的教学课堂,MOOCs 大多 5—15 分钟,将课程学习平台设计为适应学习者吸收能力的"碎片化"平台,通常将传统课堂中课程的知识点进行"碎片化",穿插练习测试,一方面能够集中学生注意力在重难点知识上,一方面提升学生兴趣、调动积极性(Veletsianos & Shepherdson,2015)。有研究认为碎片化内容、小步调学习方式相比传统课程学习,变得短期、易"消化"和易管理(Kovachev, Cao, Klamma & Jarke, 2011),能够适应青少年大脑的注意力持续力时长,降低了大量信息造成的认知负荷(Bruck, Motiwalla & Foerster, 2012)。

除了技术的提升和资源的日益丰富,媒体和信息产生分布为碎片化学习提供了发生条件。媒体多任务的发生为碎片化学习提供了实现的可能,它的本质即是碎片化信息和媒体而引发的。网络技术、移动技术和通信技术的发展,大大缩短了人与信息、人与人、信息与信息之间的距离。特别是服务云平台技术和泛在网络的推广,所有的信息资源得以同步,使得信息资源呈现碎片化。通过多样化的媒体终端,人们可以随时随地学习。例如,人们可以随时参加网络学习社区,实现多样化的学习。同时,在移动设备上进行碎片化学习,对学习者的专注力和自我反思,影响着学习者的基础认知和社交发展。多任务处理的一个关键特点是引发人们的注意力从不同的媒体内容之间相互切换(Monsell, 2003)。换句话说,因为信息处理过程媒体的多任务处理限制了人们在一个频道上所能处理的信息量,导致了媒体内容的碎片化。也可能对媒体内容和有说服力的信息的情感和认知处理产生影响,从而对媒体使用和策略产生影响。我们证明了媒体多任务处理的碎片性,特别是不同信息流之间的频繁切换,可以导致更本地化的处理风格和更具体的思维方式,从而延续到后续任务。由于任务干扰,复杂媒体内容之间的快速切换,无论是被动的还是交互式的,都会对内容的认知处理产生负面影响。有研究结果认为电视内容对学习者正在进行的信息获取会产生负面影响(Zhang, Jeong & Fishbein, 2010)。美国国家科学研究院一项研究表明重度媒体使用者相比较轻度媒体使用者,表现出更差的任务转换能力。这一结果表明重度媒体多任务者更容易被媒体干扰(Ophir & Wagner, 2009)。麦克(Michael, 2015)认为真正地同时应用媒体完成多个任务是不可能的,只是在单独的信息时间不停地"跳跃"处理,但是令人惊叹的是:熟练运用技术和媒体的青少年能够以难以置信的速度不停切换任务,并且在同样的时间里获取和处理信息量增大好多倍。

由于媒体多任务处理的碎片性,可以预期媒体内容的处理将受到损害(Srivastava, 2013)。事实上,任务转换研究表明,同时执行两个复杂的任务只能通过任务之间的快速切换来实现,而不能同时或集成处理(Monsell, 2003)。这些转变或转换需要额外的认知资源,而这些资源反过来又转化为较低水平的认知处理。无论是观看媒体内容还是在线活动都可以被归类为复杂的任务。例如,看电视需要以两种不同的感知方式(听觉和视觉)处理连续不断的刺激流。因此,将电视观看和在线活动结合起来,必须要求观众的注意力在这两种活动之间不断转移。在一项自然主义实验中,参与者自由使用笔记本电脑,同时观看电视。研究者使用隐藏的高清摄像机记录下参与者每一次通话,测量了他们在半小时的媒体多任务处理过程中切换的确切数量。该实验进一步证明了观众切换策略和媒体多任务行为的碎片化本质。参与者在半个小时内随意使用互联网和电视,媒体用户平均每分钟在两种媒体之间切换四次,每种媒体的平均注视时间只有 2.6 秒。事实上,两种媒体的凝视时间都很短,这表明媒体环境高度分散,注意力不断被重新定向和聚焦(Brasel & Gips, 2011)。

综上所述,研究发现目前青少年群体能随时随地地使用移动设备获取信息,但碎片化学习方式对其认知发展和行为影响如何,仍旧是众说纷纭。

4.2 碎片化信息所影响的感觉和知觉

屏幕时代,儿童青少年作为网络原住民,无论是生活还是学习,他们对屏幕的依赖与沉浸已成常态。认知过程指的是大脑持续进行的一系列任务,它们是负责处理我们从环境中收到的所有信息的程序。正是由于这些认知过程,认知才得以存在,并使我们得以探索世界。认知过程是帮助我们适应环境的思维活动,根据认知过程的复杂程度,分为基础的和复杂的。所谓基础认知,在心理学中是指研究认知活动本身的结构和过程,揭示认知的内部心理机制,即信息是如何获得、贮存、加工和使用的,包括感觉、知觉、注意和记忆。所谓感觉(sensation)就是人脑对直接作用于感受器的客观事物个别属性的识别(Merleau-Ponty, 2013),是来自外部刺激的物理现象。知觉(perception)是大脑对直接作用于感觉器官的客观事物整体属性的反映,是多种感觉协同活动的结果(Merleau-Ponty, 2013)。

大脑能够根据目的、期待和任务定势等特定任务要求来灵活执行对信息的认知加工活动;认知过程及其脑机制是心理学研究的重要内容。媒体是一个如此广泛的概念,包含了我们在社会中使用的各种工具,但最普遍的认识是将计算机和个人设备进行结合,如智能手机。技术催生了社交媒体,借助移动设备实现了碎片化的信息获取。屏幕多媒体多任务环境会对儿童青少年的感觉、知觉和行为产生不同方面的影响(Armstrong & Chung, 2000; Pool, Koolstra & Van der Voort, 2003; Brasel & Gips, 2011)。

众多学者、家长以及与儿童青少年成长相关的人员,都逐步关注媒体、屏幕对于青少年儿童的感觉、知觉的影响。早在1950年,屏幕媒体对儿童青少年感知觉的影响就受到很多学者的关注。当时,电视是一种流行的娱乐形式,媒体心理学家开始关注孩子们观看电视的热情。研究发现孩子的阅读能力受到观看电视的影响。之后,也有心理学家通过研究发现长时间观看暴力电视节目的儿童有可能表现出不合群的行为(Perse, 2001)。随着技术和科技的发展,互联网走入大众生活。近年来,德国青少年日均上网时间达到7.5小时,首次超过了睡眠时间,而随之出现的问题越发明显:小学入学新生多动症、易暴怒、乱发脾气、提笔忘字、做题粗心、记忆力差、词不达意、协调性差、粘人、孤僻等种种问题显著多于移动时代之前的孩子。这一问题的发现引起了各国教育、脑神经等领域的轰动。德国顶尖脑神经学家和医生、哈佛大学教授施皮茨尔(Spitzer)的著作《数字痴呆化,数字化社会如何扼杀我们孩子的脑力》,详细地介绍了数字时代,屏幕可能对儿童造成的脑力伤害。2004年,韩国国立语言学院首次将"数字痴呆症"载入新造词资料集,这说明屏幕对儿童的影响引起了世界各国的关注。以英国儿童调查数据为例,一周平均会花费53个小时在与屏幕媒体互动上,这个数字的意义在于一周学习生活时间中有将近53%的时间属于"屏幕时间"(BMBF, 2004)。

脑科学和神经科学的证据也为技术与媒体对青少年的影响提供了新的研究依据。脑科学研究表明,技术的使用有助于交流。比起其父辈,新千年一代由于交互技术的大量使用,其神经系统发生了改变,他们记忆信息的方式与工具更加丰富,并且他们更容易规避广告等无聊的事情,还能通过交流节点得到更多的信息。除此之外,匹兹堡大学脑老化与认知健康实验室(Brain Aging & Cognition Health Lab)首席研究员克尔克·埃里克森(Kirk Erickson)指出,人在使用技术时大脑由不同的领域同时工作,也就是说技术正在以不同的方式使用着大脑,表明技术有可能对大脑的开发具有作用。

加州大学洛杉矶分校研究员谢尔曼(Sherman)表示,当青少年看到自己的照片得到大量的点赞后,我们能够通过功能性磁共振成像(fMRI)看到他们大脑各个区域的活动情况。一个特别活跃的区域叫做伏隔核,它是大脑回路的一部分,当青少年看到照片被点赞后,该区域表现出活跃征兆,情绪也变得积极(Stuart, 2016)。

4.3 碎片化信息所影响的注意力和记忆力

互联网和媒体屏幕正在逐步成为我们大脑的"外接硬盘",托纳斯在《你比想象的更聪明:技术正在改变我们的思维》一书中写到,当我们需要获取信息的时候,谷歌或象印笔记就像我们的老朋友一样,被我们频繁"访问",而非群体求助。就是在这样一个信息随时推送和实时保持联系的时代,碎片化式的信息媒体如何影响我们的大脑,如何影响我们的注意力和记忆力呢?学习与记忆是人类认识世界的基础之一,学习的深度取决于我们将工作记忆以及认知转换成长期记忆的能力。当事实和经验进入我们的长期记忆,我们就能组织成复杂的观点,丰富我们的思想。但是,从工作记忆到长期记忆的通道有一个瓶颈。长期记忆几乎具有无限的容量,但工作记忆一次只能容纳相对较少的信息量。而且短期记忆储存是脆弱的,注意力一旦被打断,就会清除我们脑海中的内容。

4.3.1 碎片化信息影响下的注意力

注意力是一种选择性认知的过程,它使我们有可能对相关刺激做出定位,并因此做出反应。生活中同时发生着许多刺激,然而,我们只能够把注意力集中在我们感兴趣的刺激上。注意力是一个与动机密切相关的过程,例如走路和咀嚼,需要很少的注意。然而,其他活动,如说话和肢体语言需要集中注意力,尤其是在我们学习和信息获取的过程中。

智能手机的出现,为我们提供了无处不在获取媒体信息的机会,我们很多碎片化的时间都是在浏览微博、新闻客户端中度过,这一现象也造成注意力持续时间变得碎片化。伴随着获取零散信息的间断,注意力的持续时间也在间断。最近一项关于数字化信息获取的研究结果证明,人们在8秒内就会失去注意力。这一结果与2000年的研究结果,即人们的平均注意力持续时间为12秒相比,又降低了4秒。在数字化时代,完成有意义的信息获取或者进行相对长时间的工作,变得越来越困难。注意力被看作是通向思考的大门,如果没有注意力,关于思维的深层次过程,即感知、记忆、语言、学习、创造力、推理、解决问题和决策就会大大减少或根本无法发生。无所不在的获取资源的途径和丰富的媒体信息,对青少年和儿童的注意力可能带来不同的方面影响。

一方面,碎片化的媒体信息对注意力以及青少年相关能力产生促进的影响。尼古拉斯·卡尔借用水肺潜水和喷气式飞机滑雪的区别来解释非碎片化学习与碎片化式的媒体信息学习区别。读书就像潜水,潜水者被淹没在一个安静的、视觉受限的、节奏缓慢的环境中,几乎没有什么干扰,因此可以把注意力集中在有限的信息上,深入思考。相比之下,碎片化的媒体信息获取就如同滑水一样,滑水者在水面上高速滑行,视野开阔,被许多干扰所包围,只能短时地专注于一件事。事实上,研究表明阅读碎片化的信息、具有超链接的内容,能够极大化地快速丰富知识领域,相比于传统的学习方式,还能够搜索如视频等更加生动和有助于记忆的信息载体,方便理解和记忆。久而久之,信息获取的过程中提升了反思能力、批判性思维、问题解决能力和信息整合能力(Dux et al., 2009)。有研究发现个体差异在解释媒体多任务处理中的重要性。调查结果显示,并不是所有的孩子都会被媒体分散了注意力(Baumgartner & Sumter, 2017)。这些个体差异也可能在解释媒体多任务处理效果方面发挥作用。借助媒体效应模型假设,媒体使用的特定决定因素在解释媒体效应时也起调节作用(Valkenburg & Peter, 2013)。注意力涉及多个大脑网络,它们在早期发育过程中发生了相当大的变化。屏幕可能会影响注意力的持续时间,尤其是当你不断地从一件事切换到另一件事时,但这只是设备使用的一种方式,并不是注意力本身被影响(Rothbart & Posner, 2015)。

另一方面,碎片化式的媒体信息对注意力分散影响的"呼声"越来越高。2010年卡尔(Carr)在那本耳熟能详的《浅薄:互联网如何毒化了我们的大脑》一书中提到,他的注意力常常在写作两到三页之后就会被打断,深度信息理解已经渐渐变成奢望。人们对大大小小的屏幕媒体越来越"着迷",而这些不断变化的信息和媒体可能正在改变着我们大脑的工作方式。青少年大脑处理信息的速度比年长的大脑快,因此他们才会更容易从一个任务切换另一个任务。有研究表明,青少年和年轻人平均每六分钟就会从学习转向媒体,越来越难以将注意力集中在特定的信息获取过程之中(Rosen,

Carrier & Cheever,2013)。当然,这种现象并不仅限于青少年,成年人在工作或学习时也经常被媒体分心(Yeykelis,Cummings & Reeves,2014)。人们使用各种形式的数字媒体来阅读带有超链接或其他互动元素的碎片新闻。青少年在进行阅读活动时,可以在任意的时间和地点自由选择自己喜欢的媒体。碎片化的材料导致了较高的阅读注意力,中等阅读投入水平的学生比低、高阅读投入水平的学生具有更高的阅读理解和注意力,该研究还发现了碎片式信息获取往往导致信息质量理解较低的事实(Liu & Gu,2019)。

除了受到影响的注意力带来信息质量和效果的消极影响,日益丰富的新媒体、新技术对注意力品质的影响也逐步在凸显。注意力包括广度、稳定性、分配习惯和转移性四个品质,同时该四个方面也是评价注意力集中与否的重要指标。成语"一目十行"便体现了注意力的广度,即在短时间内完成最大的信息获取;而能否持续关注就是体现了注意力的稳定性,即可从时间角度把握,也可以从专注程度,不易被外界打扰的特征。常讲"眼观六路耳听八方",正是注意力的分配性的体现,通常发生在多任务活动中。威瑟等人(Visser et al.,2014)认为目前的智能手机的普及,导致注意力越来越难以集中,尤其是儿童和青少年的多动症患者。数字化媒体设备的使用处于逐步上升的趋势,与青少年的互动也逐步增多,他们能够时时在网络上进行社交互动、可以随时随地使用应用程序、浏览新闻、玩游戏等。也有研究者认为造成儿童青少年的注意力持续时间越来越短的主要原因即是使用智能移动设备越来越频繁(Nikken & Schols,2015)。集中注意力通常是在获取信息或者完成某类任务的过程中,能够忽略周边正在发生或者即将发生的干扰,也包括了能够持续的保持注意力,完成任务。研究结果表明,即便被试没有查看即时消息,但是智能手机的消息通知功能同样降低了被试的注意力。

媒体多任务处理假定了某些固有的心理习惯,比如分散注意力或在两个或多个媒体频道之间切换注意力。这些新习惯可能会改变人们关注和处理媒体信息的方式。但是,在一心多用的同时,媒体出现会对碎片化学习有多少影响呢?"大脑开始学习如何快速地切换任务,注意力也可能随时被碎片化信息而转移",德克萨斯农工大学神经科学教授克莱姆(Klemm,2017)在"The Learning Skills Cycle"一书中写到,这将成为儿童青少年的一种习惯。但是,大脑工作速度的提升与注意力集中又显得"背道而驰"。注意力分散是基于碎片化的任务处理导致的基础认知受到影响,涉及多屏幕、多窗口和多应用程序。有学者提出媒体的形势特征可以影响思维和学习过程,游戏的空间性、动态性等特征,在屏幕上的不同位置可同时出现,这样空间的碎片化可能会对注意力产生影响(Subrahmanyam & Greenfield,2008)。另有研究发现,在模拟多任务工作环境下,玩两小时射击游戏、反攻游戏,有利于提高注意力性能(Kearney,2005)。比如"反恐精英"(*Counterstrike*)游戏由四项同时进行的任务组成,与现实军事岗位中的影响效力相同(Kearney,2005)。这一实验表明屏幕媒体的碎片化对需要注意力分散和切换多任务的处理产生了积极的影响。

正如上述碎片化信息处理下的注意力变化情况所述,一方面可能带来的信息处理和执行过程的快速反应,另一方面,也可能对注意力的品质造成影响,碎片化屏幕媒体对学习者学习的影响也众说风云(Carriere, Seli & Smilek, 2013),因而更需要深入地、针对性地对儿童青少年的注意力影响进行更多的基于证据的研究。

4.3.2 碎片化信息影响下的记忆力

认知过程,如记忆,对日常生活是必不可少的。记忆作为一种认知过程,包括编码、存储和检索。编码指的是信息从到达我们的那一刻起就被转换成我们大脑可以存储的形式的机制。存储指的是内存持续的时间(持续时间),在任何时候可以存储多少(容量),以及存储的是什么样的信息。检索是指把信息从存储器中取出来。屏幕媒体是青少年生活中最强大的力量之一。尼古拉斯·卡尔(2010)在《浅薄:互联网如何毒化了我们的大脑》一书中提道:"互联网正在按照自身的目的改变着人类,我们具备高速获取信息的能力,同时也正在退化和丧失专注能力、沉思能力和批判性思维能力。"他认为快捷的搜索引擎,如谷歌等网站,加剧了人们学习能力的"退化",由于我们大脑的可塑性,互联网将剥夺我们思考的能力。

加里·斯莫尔(Gary Small)在他的书"iBrain"中写道:"接触技术并不是一件坏事,从积极的方面来说,当使用这些技术时,我们的大脑会被一些特定的脑力活动所锻炼。"一些研究表明,特定的电子游戏和应用程序可以提高工作记忆、解决问题的能力和多任务处理能力(Small & Vorgan, 2008),以及通过屏幕媒体进行碎片化信息阅读缩短了注意力的反应时间和提高了在杂乱中识别细节的能力。无处不在的互联网搜索引擎的使用可能会让青少年变得不擅长记忆信息,但是却提升了更高能力,即处理信息和搜索信息的能力,具体表现出如沉思、批判性思维和问题解决的能力,帮助青少年能够用更抽象、更理想化的方式进行逻辑推理。日内瓦大学教授达芙妮巴维利尔（Daphne Bavelier）在 2011 年写道："我们可能已经失去了希腊人所重视的口头记忆能力，但我们获得了额外的阅读和文本分析技能。"正如哈佛大学心理学教授史蒂文·平克在 2010 年《纽约时报》的一篇专栏文章中写道："互联网和科技是唯一能让我们保持聪明的东西，而不是让我们变得愚蠢。"

当然，对记忆的影响也存在这消极的声音。技术改变我们日常生活的方式、学习的方式，以及集中注意力的能力。越来越多的研究关注屏幕媒体对记忆力的影响，包括过度的媒体消费会严重损害睡眠行为和记忆能力。使用电子游戏和日常体育活动的时间之间的反比关系已经被研究证实。互动视频游戏具有挑战性，或令人沮丧，或令人兴奋，并且经常令儿童和青少年感到惊讶，在游戏过程中，个体可能会经历一系列伴随神经生理变化的情绪。在中学阶段，经常看电视剧、电子游戏会对学业表现有负面影响，这证明屏幕媒体、记忆力、身心发育与学业成就之间存在相互影响关系。当学生被允许在课堂上使用笔记本电脑上网时，他们对课堂内容的记忆受到了严重影响。再次引用尼古拉斯·卡尔书中的感受："我曾经可以全神贯注于一本书或一篇长文，简直是易如反掌的事；但如今不再如此，往往阅读二三页后我的注意力就开始漂移了。我变得焦虑不安，失去了线索，开始寻找其他事情来做。我感觉我一直在努力将自己记忆的大脑拽回到书本，就像一场博弈一样。"更多的现状和研究结果让我们深思碎片化屏幕媒体和碎片化学习方式对记忆力等基础认知的影响，但是其因果关系仍然难以捉摸。

本章小结

密歇根大学专门研究青少年的儿科医生埃伦·塞尔基（Ellen Selkie）说："很多人认为，过去几年来，青少年的压力和心理健康问题有所上升，可能因为儿童和青少年使用了更多的智能手机和平板电脑。但是，我们没有很好的科学证据证明这两种情况是相关的。"她解释说，这些变化是否与信息获取方式、时长、屏幕媒体相关，我们无法从研究的角度来判断，未存在足够的证据表明其因果关系。虽然关于电子设备对大脑的影响还有很多需要了解，但越来越清楚的是，考虑屏幕使用的关键是找到一种健康、快乐的媒介。

有人这样描述互联网的价值,它如同是一片狂野的区域,能够为我们带来有利的优势,同时也能带来不如意的弊端。从媒体影响青少年儿童的效果来看,作为孩子们的"守护者",家长和教师都在为青少年使用屏幕媒体所带来的问题而担忧。一方面,希望碎片化的信息和学习方式,能够帮助学习者的知识内容和能力所有提升;另一方面,同样担忧媒体会对学生的学成产生持久性的影响。碎片化学习是信息时代不可避免的产物,知识与信息就内容而言符合完整的整体需求,却因不断变化的学习时间、地点和多种传播媒体的交织,呈现了一种新的知识传递和获取方式。综上所述,碎片化的知识内容如何"零存整取",碎片化屏幕媒体的影响将何去何从,儿童青少年的身心发展和学习影响将如何,还需要更多的证据基础来证实。

第 5 章

具身化的媒体环境：媒体所影响的创造力

屏幕媒体充盈着成年人生活的同时,也伴随了儿童和青少年的成长。媒体被整合到儿童的日常环境中有两个主要原因:一方面是孩子们主动选择使用它们,称为主动曝光;另一个原因是其他人使用媒体,儿童在无意中被影响,称为被动暴露(Huston, Wright, Rice, Kerkman & St. Peters, 1990)。在这样一个时代,屏幕文化对儿童青少年认识世界、认识自我及认识社会的影响之深,是历史上任何一种认知媒体都无法企及的。一方面,儿童和青少年作为网络原住民,屏幕沉浸已成为他们生活的常态。比如,多项研究指出,儿童和青少年日均花在屏幕上的时间超过 7.5 小时(Rideout, Foehr & Roberts, 2010)。孩子们在家里使用媒体,他们走在街上、在餐馆、在飞机、在火车、在汽车、在健身房,甚至在学校也使用,除非媒体的使用是明确禁止的。

但是,另一方面,愈发多源的信息、更为便捷的交互方式使人们的生活和学习更加个性化,因此,屏幕文化所带来的技术环境对儿童和青少年脑智发育的潜在促进作用不容忽视。随着 VR 等立体的、虚拟的沉浸式媒体技术成为屏幕文化的主流,这种潜在的促进作用也逐渐受到关注。研究表明,屏幕文化中的沉浸式媒体技术对人的认知、移情产生的影响是以往单向与交互媒体技术不可企及的。使用者不仅没有因为虚拟环境中的多重身份而迷失原有的身份,而且,他们与网络化身之间的亲密关系和情感参与程度,同其在现实中与他人交往时大脑皮层所显示的亲密程度几无二至。也就是说,虚拟现实技术的使用,使得人们在虚拟世界的情感和认知与现实世界融为一体。同时,脑科学和神经科学的研究证据表明,技术的使用有助于儿童和青少年的人际交流。新千年一代由于大量使用交互技术,其神经系统发生了改变,记忆信息的方式与工具更加丰富,且更容易屏蔽广告等无聊的信息,还能通过交流节点得到更多的信息。匹兹堡大学脑老化与认知健康实验室首席研究员克尔克·埃里克森(Kirk Erickson)指出,人在使用技术时,大脑不同的区域同时工作。也就是说,技术正在以不同的方式使用着大脑,对大脑的开发具有潜在作用。

传统屏幕虽能为我们呈现缤纷多彩的虚拟图像,但屏幕的虚拟化也给我们造成了强烈的物理疏离感。交互式媒体屏幕改变了传统屏幕的单向传输特性，这为多领域的应用和融合提供了新的可能，是创作力的重要源泉。研究者们致力于探求视频、社交软件、电子游戏、智能手机在创造力形成与发展中的角色定位。屏幕文化对用户创造力影响的研究集中在想象力、移情能力、抽象能力等方面。本章节主要从具身化媒体环境以及其对非认知发展、想象力、移情能力、抽象能力的影响几个方面进行阐述。

当前关注屏幕媒体与儿童青少年创造力的研究学科主要包括心理学（Greenfield & Beagles-Roos，1988；Valkenburg & Van der Voort，1994）、教育学（Subrahmanyam & Greenfield，1994；Green & Bavelier，2003）、社会学、认知神经科学、医学、传播学（Blomfield Neira & Barber，2014；Van der Aa et al.，2009）等学科。目前，大部分的研究采用实验研究、调查研究和观察研究、纵向研究和文献研究等方法。心理学、计算机科学、传播学多用此方法来探究屏幕儿童青少年的认知方面的影响，包括游戏、电视、虚拟现实等对他们的想象力、创造力移情能力的影响。社会学主要分析媒体使用背景，例如父母的媒体使用习惯、家庭氛围、父母对孩子使用媒体的干预、亲子互动的影响等对孩子理解屏幕内容以及想象力等发展的影响，另外还就屏幕内容对儿童青少年的创造力、社会感知能力、抽象能力的影响进行研究。医学领域的研究者们多从病理角度关注屏幕媒体对婴幼儿和儿童青少年的身体健康产生的影响；神经科学以及脑科学，多从大脑出发，运用脑电波、脑成像等技术观察屏幕刺激对儿童青少年相应脑区的影响，深入剖析屏幕媒体对儿童青少年高阶认知的影响。教育领域主要从如何利用屏幕媒体改变教学和学习方式，从而干预儿童青少年高阶认知发展。

5.1 具身化媒体概述及其与儿童青少年非认知发展

新时代多媒体的发展正在从单一向多元、平面到立体、无感到智能化发展，技术愈发人性化。而这种新的、所谓的情感计算系统——无线、可穿戴和空间部署——提供了介于计算机作为工具和计算机作为感觉机器之间的管道，从而使计算机未来学从小说的高度落实到了现实生活。这种落脚现实生活的变化大概经历了三个阶段：①混合体的（网络）空间——可以不依附物理空间而存在的混合环境；②混合技术的主观性——通过所谓的具体化技术，能够在现实和虚拟环境中生存；③混合发展的知识系统——在人工生命形式、感觉机器和智能环境中发展起来，并且新的感知和知识形式是在它们相互作用中产生的(Dyson，2005)。媒体的这种变化正在使现实社会与虚拟社会的界限越来越模糊，具身化媒体由此产生。

5.1.1 具身化媒体概述

什么是具身化？在最广泛的意义上，具身化可以简单地表示一种过程的实例化或物化(Krois，Rosengren，Steidele & Westerkamp 2008)。哲学家们大多借鉴柏拉图和亚里士多德著作中的化身概念，而对于计算机科学家来说，"具身"主要来源于海德格尔在20世纪初关于思想、身心与知识的关系的开创性探索。

网络媒体的具身化定义主要来源于人们在媒体和现实社会的不同体验感受。在现实生活中所获得的信息给我们一种全面的体验，它充分融合了各种感觉和身体动作，如看、听、说、摸、闻、尝。然而，网络信息空间可以传递给我们的感觉模式通常仅限于视觉和听觉。触觉信息在我们的日常生活中很少被用于信息空间，除了警告或警示，如手机振动。因此，我们将这种能够给予我们现实世界"真实感受"的媒体称为具身化媒体。

随着新技术的发展，让我们具有触觉感的具身媒体逐渐融入生活。具身媒体是能够提供整体的感觉，即整合视觉、听觉、触觉、嗅觉和动觉感觉，比如人类的虚拟现实和远距离存在等实体媒体。用户感到他们存在于计算机生成的虚拟信息空间中。触觉在具身媒体中扮演着重要的角色，因为它提供本体感觉和皮肤感觉(Tachi，2016)。具身媒体将提供远程交流、远程体验和虚拟体验，从而使用户感觉像在自然环境中工作一样。例如，VR、RePro3D、HaptoMIRAGE等技术，其中RePro3D是一种全视差自动立体3D显示器，使用反向反射投影技术进行触觉反馈，如图5-1；HaptoMIRAGE是使用主动快门(Active-shuttered Real Image Autostereoscopy，ARIA)的180°视场自动立体三维显示，是可供三位用户同时使用的真实图像自动立体镜，如图5-2。

图5-1　RePro3D直观操作3D对象

图5-2　HaptoMIRAGE技术

5.1.2 具身化媒体的特征

1. 灵活性

随着技术的发展,移动网络设备发展得愈发精巧,其摆脱了固定和僵化的时间和地点,甚至物理上的束缚,使得用户可以在不同的地理位置、任意的时间选择获取信息。这也揭示了教育中技术愿景的主旨,只要"思想"投入,学习者的身体轨迹就与之无关(Bayne,2004)。具身媒体的灵活性给儿童青少年的学习与生活带来了极大的便捷性。

2. 虚拟性

三维立体的虚拟现实场景,往往给人们带来一种身临其境的感觉。这是现在以及未来媒体的发展趋势和重要特征。具身媒体通过设置虚拟的角色扮演,来提升用户的沉浸感,例如在我们的网络聊天室和面向对象的屏幕环境中构建本体化身(Turkle,1996),在游戏和3D虚拟世界中,以化身的形式将我们自己进行图形化表现。比较典型的例子是美国林登实验室(Linden Lab)2003年推出的全球最大的3D虚拟世界游戏第二人生(Second Life),这个游戏模拟现实世界里有的一切,每个人可以给自己建立一个虚拟的"第二人生",与同在这个虚拟世界中的其他人发生各种各样的关系,实现自己在第一人生中没能实现的梦想(Linden Lab,2014)。

3. 交互性

与传统的媒体相比,具身媒体的发展更加关注交互性,并且也不再局限于传统的单一的人机交互。具身媒体在交互方式、交互范围、交互程度等方面有了极大的改进。就交互方式而言,随着模式识别,如语音识别、汉字识别等输入设备的发展,通过自然语言和图像识别等方式用户就可以与屏幕进行交流。交互范围更加广泛,不再局限于人机,更多地向人与虚拟世界的人、环境等交流。交互程度也变得更加的深入,由以前的平面、单向,到现在的身临其境。

根据海利斯(Hayles)在1999年的说法,当我们走向后人类时代(posthuman era)时,身体和技术中介之间的界限被看作是一种可渗透的膜。当然,后人类时代的观点构建了人类,使人类能够与迅速发展的互动媒介"无缝结合"。从这个意义上说,新媒体成为了人体的假体延伸,人类和技术之间的互动达到了它的终极表现,独立的活动已经被协同活动所取代(Jamaludin,2015)。

5.1.3 具身化媒体与高阶能力

高阶能力是指知识时代对人才素质要求所偏重的九大能力,包括创新、决策、批判性思维、信息素养、团队协作、兼容、获取隐性知识、自我管理和可持续发展能力(钟志贤,2004)。具身媒体为儿童青少年提供了思维、动作等合作的环境,对他们高阶认知能力的发展有一定的影响。比如,计算机游戏往往充满了挑战,不论是练功、打怪、寻宝还是经营公会,都需要游戏者对各种游戏资源综合调配,对多种角色关系进行调节。因此,很多学者认为游戏可以提高玩家的问题解决能力等高阶能力。一些学者比较注重计算机游戏对玩家高阶能力的整体研究。如,麦法雷尼(McFarlane)等人(2002)在报告中指出,教师和父母承认玩游戏能够支持以下技能的发展:战略思维、计划、交流、数字应用、谈判技能、群体决策和数据处理。还有研究通过对南京市 7 所中学的 1013 名学生以及 100 名教师和家长进行调查,发现电子游戏对青少年的计算机操作能力、自我学习能力、创造性思维能力、数理逻辑能力、自然观察能力、空间想象能力、动作技能和人际交往技能有一定的促进作用。约翰·班诺(John Bannon)(2009)通过对 24 个商业网络游戏玩家的博客进行个案研究,得出在线游戏对玩家的问题解决技能、决策技能、元认知和反思技能、创新技能、协作学习技能等高阶认知技能有影响。

还有一些学者侧重于研究计算机游戏对某些高阶能力的影响,这些研究主要集中在对创新能力、归因和推理能力、团队协作能力、获取隐性知识能力、对创新能力的影响(刘敏 & 钟柏昌,2011)。

李伟(2009)使用威廉斯创造性倾向量表,以问卷调查的形式考察了电脑游戏对中小学生创造性倾向的影响。结果表明,玩电脑游戏会对中小学生的创造性倾向产生影响,影响的主要因素有玩电脑游戏的时间长短、游戏场所以及游戏的类型。3 岁前看电视对儿童的认知发展有一定的不良影响的研究结论,让更多的人意识到美国科学院儿科指南要求的 2 岁以下的儿童不看电视是有必要的(Zimmerman & Christakis,2005)。尚俊杰、萧显胜(2009)以"威廉斯知情互动模式"为基础,结合小学自然与生活科技课程中"电"的课程,设计了相应的创造力教学及评价在线游戏系统,并进行了实验研究。结果显示,在游戏情境中进行创造力教学及评估的概念是可行的。沙法尔(Shaffer)(2006)在《计算机游戏如何帮助儿童学习》指出,《模拟城市》或者《俄勒冈之旅》之类的视频游戏可以帮助孩子们了解城市规划或者美国西部,这些游戏让孩子有机会创造性地操纵虚拟世界,可以培养学生的创造力和创新能力,这些能力在当今竞争激烈的全球经济中显得比以往更加重要。

综上,在具身媒体对儿童青少年的高阶认知的影响的相关研究中,屏幕媒体对创造力的研究是重要的研究领域之一。儿童青少年时期是创造力培养的关键节点。探究屏幕媒体对儿童青少年的创造力的影响,对正确分析屏幕发展为他们带来的利弊效应及创造力培养干预具有重要意义。

5.1.4 具身化媒体环境下儿童青少年非认知的发展

具身媒体环境允许人们看、听和感觉到类似真实世界的数字刺激。有研究通过比较虚拟现实环境体验、阅读纸质描述和观看砍树造纸的视频这几种方式对人们节约纸张行为的影响,发现虚拟现实环境体验的参与者的用纸量比阅读纸质描述树木砍伐的参与者少20%,虚拟现实环境体验的参与者比观看纸质描述和视频信息的参与者更能激发自我内心保护环境的意识和心情(Sun, Bailenson & Park, 2014)。可见,相比于纸质材料和视频,具身化媒体更能让人体会现实情景的真实性,触动他们某方面的动机与意识。

除了媒体形式,媒体环境对儿童青少年的非认知影响受家庭以及观看时长和信息内容的影响。

首先,家庭方面,一项调查显示,电视可能导致儿童的不安、烦躁以及对日常危险的恐惧,并且容易发生侵犯他人的行为。但是如果父母关心他人、兴趣爱好广泛,以及建立良好电视观看规则,会使孩子的焦虑倾向减弱(Singer & Singer, 2010),所以良好的家庭氛围对屏幕时代的孩子的成长具有重要意义。

其次,观看时长和内容方面。父母使电视对孩子发挥更多潜在的积极影响。如果父母对孩子观看电视的时间和节目安排得当,通常能预测消极的情感模式和攻击性(Singer & Singer, 1986)。另外,研究显示,社交媒体对社会心理发展的某些方面(例如自尊或情绪)产生了负面影响,但从媒体内容来看,这些研究通常侧重于有问题的或过度使用互联网或社交媒体(Blomfield Neira & Barber, 2014; Van der Aa et al., 2009)。因此合理的屏幕观看时间设置,对儿童青少年的非认知发展起到积极作用。另外,观看非教育类节目不利于儿童的就学准备和认知结果,观看教育类电视则是有益的(Zimmerman & Christakis, 2005)。家长应该监督和帮助孩子看一些适宜的、具有教育意义的节目。

总之，在合适的屏幕内容、适当的观看时间和良好的家庭氛围等的共同作用下，屏幕对儿童青少年非认知的积极影响才能更好地发挥出来。

5.2 具身媒体能否为儿童青少年提供想象力的虚拟环境?

想象力是在知觉材料基础上、通过重新配合而创造出新的对象图景的能力;或者说想象力是个人对感知对象在头脑里进行改造加工，揭示对象的本质或规律，从而创造新的形象的能力。实际上想象就是用形象进行思考，形象贯穿于人进行想象活动的过程，想象归属于形象(直感)思维。想象属于第二信号系统，是理性认识活动，是一种思想方式，想象的结果就是产生新的形象。想象力与创造力密切相关，有了想象，才能开启创造力，有所创造(朱素平，2006)。想象可以被概念化为儿童的想象游戏(也可以是假装或幻想游戏)、创造性想象(即创造)和幻想。在富有想象力的游戏中，孩子们超越了直接的环境和行动，就像他们正在体验另一个感性的现实，就像一个孩子可能会从事角色扮演游戏，或者假装是别人。创造性想象可以被定义为"产生许多不同的新奇或不寻常想法的能力"(Valkenburg & Calvert，2012)，或不同的处理事情的方法。自从电视主导了儿童的流行文化之后，家长、教育工作者和学者们就商业媒体在儿童创造力、代理和想象力中的作用展开了辩论。到底屏幕媒体对儿童青少年的想象力有无影响? 有何影响?

5.2.1 屏幕媒体点亮儿童青少年想象的天空

想象力并不是毫无根据的凭空幻想，而是来源于一定的知识基础和已有印象。那则脍炙人口的建构主义童话故事"鱼牛"，这个故事一方面阐明了自主建构来自已有的知识，另一方面也为我们揭示了丰富想象力的重要来源——丰富的现实生活经验。电视、电子游戏、智能手机为我们提供了更广阔的窗口和视角、更完备的高新技术条件，让我们能够在了解新事物的基础上有能力、有工具进行创造活动。

电视、互联网让我们有更多机会接触到距离遥远的生活情境和人，有助于我们思考、感受世界的矛盾性和复杂性，从而夯实想象力的理论基础——全球化知识和理解。在屏幕文化中，想象力不仅仅是丰富的网络资源的产物，还是转化为创造力的重要条件。比如，游戏玩家在玩网络游戏的过程中一方面积累了知识、技能，培养了想象力，另一方面可以发挥想象力利用游戏平台将原始的网络游戏改造成个性化的审美体验（游戏对象）。特别是在角色扮演类网络游戏中增多了分享个人意见和想法的机会，提供了将意识实体化的"假肢"。此外，智能手机在信息收发、纸板打印、语音输入（输出）上有突出优势，这使手机成为比较理想的计算机辅助学习平台，也有助于引发移动终端上的想象力。虽然，作为文学创新和质疑的象征，羽毛笔似乎已经被闪烁的光标所取代，但是想象性思维与技术的交汇对学习者是有益的，尤其是它使我们能够分享新的发现和新的思维方式，对现代思想家来说，媒介和技术促进了想象力的发展（Hendry & Page, 2013）。朱彦、章苏静（2008）认为教育游戏对学习者右脑的发展有促进作用，主要原因在于教育游戏能够促进学习者思维能力的发展，空间、全局能力的发展，想象力、创造力的发展。

费因（Fein）指出，假装游戏是一种象征性的行为，在这种行为中，"一件事被当作是另一件事来开玩笑地对待"。在假装游戏中，想象力的运用是很重要的。著名的心理学家多萝茜和杰罗姆·辛格研究了富有想象力的戏剧是如何开始的，以及它是如何发展的。从婴儿最初的微笑和躲猫游戏，到幼儿对事物的探索和参与象征性和社会性的假装游戏，它们都追溯到幼儿对虚构的朋友的和虚构的世界诉求，想象力由此开花（Singer & Singer, 1992; Laskowski, 1991）。

总之，屏幕对儿童青少年的影响，主要是来源于屏幕对虚拟的情景和环境的创设，通过角色互换与环境沉浸增加他们对虚拟角色的想象力。

5.2.2 屏幕媒体对儿童青少年想象力的"禁锢"

但是，过度具体化、裸露化的媒体内容呈现形式对儿童青少年的想象力发展起到一定的反作用。

人们常说，听广播比看电视更能激发创造性的想象力（Greenfield & Beagles-Roos, 1988）。目前对这一结果的解释有两种观点，一种是可视化假设，另一种是错误记忆假设。首先，根据可视化假设，电视不同于收音机，它向观众提供现成的视觉图像，使他们几乎没有机会形成自己的图像。当从事创造性想象活动时，观众发现自己很难脱离电视提供的图像，使他们难以产生新颖的想法。这一假设将电视对创造性想象的还原作用归因于媒介的视觉本质（Valkenburg & Van der Voort, 1994）。电视等一些可视化的支持，取代想象性的表演，降低想象力的激发，甚至产生对创造力的置换效应。其次,根据错误记忆假说,电台演讲比电视节目主持人引起了更多新颖的反应。并不是因为广播节目更能激发创造性的想象力,而是因为人们对它们的记忆质量不够好。根据这一错误记忆假说,无线电听众在他们的创造性反应中不像电视观众那样包含太多重复的元素,在他们心中对广播电视节目内容不那么清楚,所以儿童在无线电条件下产生的新想法可能不是创造性的反应,而是为弥补记忆错误而发明的不相关的捏造(Greenfield & Beagles-Roos, 1988; Valkenburg & Van der Voort, 1994)。并且,错误记忆假说下无线电信息的记忆不如电视信息好,是有实验证据支持的(Beagles-Roos & Gat, 1983; Gibbons, Anderson, Smith, Field & Fisher, 1986; Greenfield & Beagles-Roos, 1988; Hayes, Kelly & Mandel, 1986)。对于两种假设的争论持续了很长时间,最后研究人员用实验推翻了错误记忆假说,表明广播电视确实更能刺激儿童的想象力,但是视觉假说依然没有得到验证(Valkenburg & Beentjes, 2010)。

另外研究表明,所观看的电视节目内容种类不同,对儿童青少年想象力影响的结果也不同。富有想象力的节目在短期内会带来富有想象力的表演,长期积累会提升儿童青少年的创造性。数据表明,使用互动媒体制作视频内容可以使人产生更多创造性活动(Valkenburg & Calvert, 2012)。

有研究探索了收音机比电视更能激发想象力的假说。该实验是将两个不同年龄层次的儿童(1—2年级和3—4年级),一组被暴露在电视形式的故事中,另一组被暴露在广播形式的故事中,研究发现广播节目比电视节目更能激发故事情节的完整性(Greenfield, Farrar & Beagles-Roos, 1986)。就想象力而言,马歇尔·麦克卢汉的"媒介就是信息"的论断(McLuhan, 1994)表明故事内容对想象活动有特定的影响,但所有更一般的影响都归因于内容呈现的媒介。与看电视相比,孩子们在自然环境中玩游戏,涉及掌握游戏规则,探索和假装游戏角色。而这些都是孩子了解自己和环境,练习语言技能,尝试各种情绪和识别各种行为的好机会(Singer & Singer, 1981)。另外,电视和视频的普及和容易获得,也许剥夺了当今儿童追求自己的思想和设计自己职业的能力,分散他们对内部过程的注意力,不断要求对外部议程作出反应,可能对想象力的发展具有一定影响(Belton, 2001)。

因此,过度地或过早地暴露在太具体的媒体中,存在削弱儿童青少年想象力的风险。根据皮亚杰的认知发展理论,7到11岁和11到15岁的儿童青少年的认知处于具体运算阶段和形式运算阶段,抽象思维已经开始慢慢形成并趋于完善。此时适当的抽象锻炼对想象力的培养是很必要的,故该年龄阶段的媒体选择与使用应该格外重视。

5.2.3 具身媒体能否打破创造力培养的"瓶颈"

事物的两面性无可避免,而如何在屏幕不可取代的时代,更好地利用屏幕媒体的优势培养儿童青少年的想象力才是关键。新的通信技术也使许多儿童和年轻人成为媒体制作人。在美国,儿童出版社鼓励年轻人拿起他们的笔,为比他们自己缺乏物质特权的儿童服务(Jempson,2003)。

综上所述,屏幕媒体对于儿童青少年的想象力的影响有益亦有弊,但是不好的影响也是可以通过不同的媒体内容选择、屏幕使用时间等来控制的。具身媒体相较于传统媒体,与真实世界的界限更加模糊,也更能给儿童青少年带来以前从未有过或者想象到的"新世界"的体验,一定程度上拓宽了他们想象的空间范围。虽然目前关于具身媒体对儿童青少年的想象力的影响仍然未知,但是结合具身媒体的优势,开合理使用具身媒体,会有更多意想不到的收获。

5.3 具身媒体中的"移情"

移情是指体验和理解他人感受的能力(Preston & de Waal,2002)。移情在青少年的社会功能中起着至关重要的作用,常常被认为是同伴互动中的"社会粘合剂"。特别是在青少年时期,与同龄人建立密切而有意义的关系是发展的主要目标之一,移情是一种必不可少的学习能力。根据移情的知觉行动模型(Perception-Action Model,PAM)来看,社会互动有助于塑造和微调情绪的心理表征,这是识别和分享他人情绪所必需的(Preston & de Waal,2002)。例如,如果我们看到一个人扔球,与投掷球的表现有关的大脑区域在我们的大脑中被激活。同样的机制也适用对情绪的感知,对他人情绪的感知激活了自己对这种情绪的表达,这使得"状态匹配"成为可能(Preston,2007)。因此,移情在很大程度上是通过与社会互动的经验来发展的。通过社会互动,我们创造了更多情感的表象,内容变得更容易为我们所接受,这增加了我们自然的移情倾向,这种自然倾向被称为特质移情。屏幕文化下,鉴于社会互动越来越多地发生在网上,一个重要的问题是,在线交流是否提供了形成表象的相同机会,从而和面对面的交流一样具有移情作用。为此,不少研究者试图探寻屏幕媒体对移情能力的影响。

5.3.1 穿过屏幕的"感同身受"

交流是心灵沟通的法宝,网络媒体给儿童青少年带来与新世界沟通的便捷渠道。研究表明,网上聊天会促进移情的表达(Rosen,2012)并且在网上交谈和移情表现力之间存在着积极的关系。与面对面的交谈相比,网上自我披露通常更容易被接受。还有研究发现互联网促进了一个人和新认识的人的真实自我的表达和有效交流。

在对 942 名荷兰青少年(10—14 岁)间隔一年的两次调查中发现,社交媒体的使用与认知和情感移情随着时间的推移而增加有关(Vossen & Valkenburg,2016)。具体来说,青少年的社交媒体提高了他们的理解能力(认知移情)和分享同龄人的情感(情感移情)。比如,在脸书的使用和移情之间发现了积极而不是消极的关系(Alloway Runac,Quershi & Kemp,2014)。

然而,目前关于屏幕媒体与同情心的争论可能集中在,观看媒体暴力可能会使观众对他人的痛苦不敏感,并减少他们的同情心。研究者将 238 名西班牙裔年轻人随机分配去观看暴力或非暴力的电视节目。节目包含虚构的暴力受害者(即电影片段)或实际受伤或被杀害的人的视频。当参与者知道他们看到的是真实的暴力而不是虚构的暴力时,他们对受害者的痛苦有更多的同情。然而,以前接触过暴力或非暴力电视节目的人并没有减少移情。这些结果表明,至少在主要是西班牙裔观众中,观众对媒体的处理取决于他们是否理解它是真实的还是虚构的,而媒体暴力并没有从本质上减少对现实生活暴力的同情(Ramos,Ferguson,Frailing & Romeroramirez,2013)。

总之,屏幕环境与内容,更能让儿童青少年敞开心扉去认识自我,认识社会,相比现实社会的保守与羞涩,这样的方式更能让他们体会到更多的"感同身受"。

5.3.2 屏幕媒体助长儿童青少年情感的"眼高手低"

得益于各移动终端在兼容性、互通性技术的发展,小屏幕以其便携价廉的优势成为人们进行信息搜索、交换、分享的首选设备。一些研究者致力于探寻智能手机,尤其是智能手机承载的社交软件对移情能力的影响。有研究发现,社交软件的使用能够增强两种移情能力:认知移情和情感移情(Vossen & Valkenburg,2016)。研究表明风靡全球的社交软件脸书也能够增强使用者的这两种移情能力。然而,长时间使用智能手机可能对移情能力产生负面影响。比如,智能手机往往具备多任务执行的使用特征,用户的精神状态因多任务而变差,降低了他们理解他人精神状态的能力。

研究发现，暴力型电子游戏和亲社会型电子游戏对亲社会倾向有不同影响，进而影响人际移情能力。例如，模拟人生类游戏（Real life）作为一种亲社会型电子游戏，对玩家进行身份认同、学习其他国家的知识有积极的促进作用，从而提高全球化移情能力。角色认同（identification）被定义为"观察者通过想象将自己置身于某一角色的位置，同时感觉该角色的经历都如同自己亲身经历一样"（Maccoby & Wilson，1957）。研究者将电子游戏中的角色认同赋予了这样的概念——"玩家短暂地将自我知觉转化成游戏角色的属性值"。当玩家认同他们的角色时，他们会把自己想象成所使用的角色，并且认为是他们自己在做屏幕中的那些活动。一般情况下，"暴力型内容"与"暴力行为"（低移情能力）存在正向对应关系，但这并不适用于暴力视频。男性玩家会对游戏中的受害者产生同理心而减弱攻击倾向（高移情能力），故移情在暴力视频和攻击性行为之间起到了关键调解作用。但也有学者在对西班牙裔观众进行类似实验后指出，是否产生移情往往受到观看者对暴力视频的不同理解的影响（Ramos et al.，2013），当观众理解媒体内容为真实事件时，移情才可能会发生。

5.3.3 具身媒体能否通向儿童青少年"移情"的捷径

综上所述，屏幕媒体对儿童青少年移情能力的影响具有积极的作用，并且消极影响的发生大多是由于用户对媒体内容的不理解，或者是使用时间的不得当造成的。另外，虽然社交媒体可能有助于结交新朋友，并在网上与其他人建立联系，但不一定能转化成更好的线下社交技能。更重要的是，花在网上的时间取代了线下与人相处的时间，这可能会使移情等社交技能变得"生疏"。第二，网络交流中减少的非语言暗示可能会阻碍移情，因为如果不看到朋友的面部表情或身体姿势，就很难分辨出他们的真实感受。第三，社交媒体中的视觉匿名可能会放松人们对什么是恰当的社会行为的认识，从而导致非个人化。根据康拉斯（Konrath）的说法，去个人化加上社交媒体更大的人际和身体距离，可能会导致人们忽视他人的感受，而产生以上问题的最大的原因是传统媒体的对于人机交互、人人交互的局限性，具身化媒体能很好地弥补以上的不足。

5.4 具身化的媒体环境挑战着儿童青少年的抽象能力

屏幕中充斥着大量的二维、三维形象，它们往往与真实世界中的实体存在某些相似之处。固然,技术对物体的直观、细节展现能够帮助儿童青少年更加清晰地认识世界,但是这种"裸露"、具身化的表现也为儿童青少年抽象能力的形成带来了影响与挑战。

5.4.1 通过屏幕抽象出世界的轮廓

目前,屏幕媒体对儿童青少年抽象能力的影响主要体现在两个方面,一是媒体内容对抽象能力有影响,另一方面屏幕使用本身对抽象能力的作用。

首先,媒体内容方面。逐渐立体、三维化的屏幕内容为青少年儿童提供更多的抽象思维的发挥空间。研究者指出通过计算机来模拟二维和三维空间的图形,可以改善学生的思维与空间能力(Donelson,1990)。比如,屏幕可以锻炼儿童的视觉空间抽象能力,练习一种叫做"Marble Madness"的计算机游戏比另一种叫做"Conjecture"的计算机游戏更能稳定地提高空间成绩,原因可能是玩"Marble Madness"时玩家需要在一个三维方格中用操纵杆引导一个弹球,尽量保持弹球正常运动并防止它掉落或被对家侵袭,这种技能是视觉空间任务的核心成分(Subrahmanyam & Greenfield,1994);再如,玩电子游戏"Tetris"可以提高男性的空间视觉技能,由玩该游戏所发展的空间视觉技能与韦克斯勒智力测验的物体分类分测验对儿童和成人所测的技能相似(Okagaki & Frensch,1994)。此外,有研究表明,第一人称射击类动作视频游戏似乎能有效提高低水平的认知技能,如空间选择性注意能力(Green & Bavelier,2003)和空间知觉能力(Green & Bavelier,2010)。

另外,为了探究在数字平台或非数字平台上处理相同的信息是否均会影响人们的"解释性水平(construal levels)"——用于感知和解释行为、事件和其他信息刺激的具体性与抽象性的能力,达特茅斯学院对此进行了实验研究。300多名被试人员被分成两组,分别阅读印刷版和数字版的阅读材料,研究发现阅读印刷版材料的被试人员能回忆起更多抽象的信息,而使用数字阅读器的被试人员能记得更具体的细节(Kaufman & Flanagan,2016)。为了改善数字媒体带来的儿童青少年抽象能力减弱问题,有团队开发了一系列锻炼儿童青少年抽象能力的网络游戏,并取得了很好的结果。

目前关于儿童青少年抽象能力培养的网络游戏并不少见。有研究者设计并制作了基于图式的教育网络游戏,探索其对小学生抽象思维能力发展的影响,发现相较于纸质传统学习材料,屏幕式的网络游戏凭借其独特的表现形式更有利于提高抽象概括能力,使得学生在抽象类问题(如"找规律")上作答更优秀。除了抽象概括能力,计算思维也是组成抽象能力的重要部分,它强调问题求解及启发式推理,本质特征是抽象性。国内外学者利用网站信息的浏览、教育网络游戏的使用和程序的自主开发等多种屏幕使用方式培养学习者的计算思维能力。美国俄勒冈大学制作的在线网站"Thinking myself"通过生动有趣的实例向学生传授计算思维的基本概念,并利用操作性极强的小游戏进行锻炼与强化。国内有学者尝试构建了基于"轻网络游戏"教育软件的课堂教学和学习模型,通过对照试验发现,相比对照班,应用了轻网络游戏的实验班学生计算思维能力有了显著提高。还有学者利用"Geogebra"辅助数学教学,来提高学生的抽象思维能力(Priatna, Martadiputral & Wibisono, 2018)。除此之外,网络游戏的自主设计过程也是提升计算思维能力的重要方式之一。学生在设计、开发计算机游戏时,对关卡、规则、场景、交互等进行设定,这一对真实世界进行模拟和抽象的过程,充分结合了解决实际问题的思路,锻炼了他们的计算思维能力。

其次,屏幕本身使用方面。学习使用媒体本身就可能对认知产生影响。在发展中国家,笔记本电脑训练各种技能,并对儿童的抽象推理能力提出新的要求:儿童不断地把现有事物抽象化理解,并寻求把它应用到一个全新的环境中(Gentner, 2003; Gauvain & Munroe, 2009)。使用多媒体学习的学习者参与三个基本的认知过程:选择、组织和整合语言和视觉信息。因此,笔记本电脑为发展特定的认知技能提供了一个全新的环境。它是一个集文字信息和视觉信息于一体的多媒体平台。与多媒体学习相一致学习者参与三个基本的认知过程:选择、组织和整合语言和视觉信息。为了能够参与这三个过程,当学生开始使用笔记本时,他们发挥推理能力,以了解更多的相似和不同的技能,并将其应用到其他场景(Gentner, 2003)。所以笔记本的使用有助于提高学生的抽象能力,并且使用频率高、参与活动范围广的6—7年级较5年级使用频率低、参与活动单一的学生的抽象能力提高的多(Hansen, Koudenburg, Hiersemann, Tellegen & Postmes, 2012)。

总之,屏幕媒体逐渐作为培养儿童青少年抽象能力的工具。选择正确合适的屏幕内容呈现方式,对于儿童青少年的抽象能力的培养具有积极作用。

5.4.2 屏幕媒体之于抽象的"枷锁"

平板电脑和笔记本电脑等数字平台的使用,可能会有助于人们理解与记忆更具体的细节内容,却不利于他们对信息的抽象解读。

达特茅斯学院的一项调查显示,媒体介质可能阻碍认知能力和抽象能力的发展。长时间的观看电子设备,会降低儿童的抽象思维能力。

5.4.3 具身环境打开抽象空间的大门?

目前研究结果显示,屏幕媒体的使用对儿童青少年的抽象能力的培养起到积极的作用。可见之前对媒体的过分具体要求导致儿童青少年抽象能力的降低的担忧是没必要的,媒体内容的具身化环境拓宽了儿童青少年的视觉空间,也给他们创造了更多抽象思维发挥的余地。因此在这样的研究结果下,相信具身媒体带来的360度无死角的沉浸环境,更能给儿童青少年创造全方位、更全面的拟真体验。比如,虚拟现实创设的恐龙时代仿真场景,将体验者带回到一亿五千万年前,让他们"亲身"接触恐龙文化。这种场景的仿真程度和沉浸感,是任何纸质材料和传统媒体所无法比拟的,因此这也是具身媒体未来为儿童青少年抽象能力提升带来更多可能性的原因。

本章小结

屏幕文化已经并且正在影响着儿童青少年的认知发展,已有研究从不同的视角对此现象展开了探究,比如屏幕文化对注意力、创造力(移情能力、抽象能力)的影响。创造力,又称创造性,是指个体产生新颖奇特且有实用价值的观点或产品的能力,是人类思维的高级形态,具备两大核心特质:新颖性和适宜性。影响创造力发展的因素有很多,但总体可以归为外部环境和内部环境两类,其中外部环境主要指的是家庭和学校环境,而屏幕文化无疑已融入家庭和学校环境之中;内部环境则主要指的是与创造性相关的认知能力,而在认知能力中,执行控制功能与创造力关系最为紧密,主要包括注意、抑制控制、认知灵活性以及工作记忆等,因此屏幕通过影响儿童青少年的注意力、记忆力等间接影响他们的创造力,屏幕文化所依赖的是身化媒体已经与青少年儿童的创新行为和能力碰撞出火花。

第 6 章

媒体化的交互：延伸的学习共同体

一说起"共同体"一词，很多人可能会想到这样的场景：中世纪，一个坐落在英国的田园小镇，有一块一百二十亩的条田，几十位庄园共同体成员靠这块条田生活，他们一共饲养了30头奶牛、8头公牛、30匹马和1000只绵羊。社会学中"共同体"一词最早由德国社会学家斐迪南·滕尼斯（Ferdinand Tönnies）在其《共同体与社会》中引入，滕尼斯将共同体分为血缘共同体、地缘共同体、精神共同体。滕尼斯认为"血缘共同体作为行为的统一体发展为和分离为地缘共同体，地缘共同体直接表现为居住在一起，而地缘共同体又发展为精神共同体，作为在相同的方向上和意义上的纯粹的相互作用和支配。"（Tönnies，1887）。因此原始意义上的共同体意味着一种持久的和共同的生活，具有基于某种关系的自然性和封闭性。

而"学习共同体"则会让人们想到这样的场景：19世纪，有一所低矮的红色老校舍，里面有一位正在上语文课的女老师，她正在带领小学生朗读课文。由威戈（1998）提出了"情境学习（situated learning）和实践者共同体（Communities of Practice，CoP）"的概念，在情境学习和实践共同体中，学习不仅被理解为单独获得新知识，而且被理解为参与（学习）社区和与他人互动的过程。特别是，相互参与（身份或成员）、一个学习社区的共同目标、以及一个共享的主题或材料，他们从这个角度描述了学习的特点。

约翰·杜威认为，学习共同体不应是一个孤立的世界，相反，它应与社会的其他方面整合在一起（Dewey，1938）。在学习者与其他学习者协作获益的同时，鼓励这些学习者成为社会的一员。因此，学习共同体可以理解为是一个典型的社会性概念，强调与社会深度融合的参与者之间的互动。在学习共同体中，成员们出于共同愿景而被置于一个有意义的基于真实问题的学习情境之中，成员们在对规范和有意义的互动共建过程中逐步形成了对彼此身份的认同，个体逐步社会化，成员间相互支持和信任，而这种相互信任则是共同体的基本价值体现。

不过，今天的教室和学校已经不再是过去的老样子了。近年来，随着互联网技术、电子计算机技术和数字技术为主要载体的新媒体迅猛发展，推动了媒体的变革。与传统的课本教材、广播还有报纸等传统媒体相比,新媒体在交互性方面的优势日益明显,快速进入人们的生活,改变了我们对边界、参与及身份的认识。交互式新媒体允许我们对学习共同体进行重塑,于是,"在线学习共同体"作为延伸的学习共同体已然发生和发展了起来。

交互在于"沟通",是彼此交流、相互反应之意。在教学中,媒体的交互性是选择媒体的关键因素,更是起到为教学交互的成功奠定基础的作用。媒体的交互性通常用于两类特性与能力的描述:一类是媒体能够为人与人之间互相作用、相互通信提供支持的特性和能力;另一类是媒体能够与学生直接相互作用的某一些或某一个品质(夏娇,2018)。不少研究从心理学、教育学、计算机科学、脑科学和医学的角度探究了在线学习共同体形式下的新媒体的交互对青少年学习的影响(Al-Menayes, 2015)。其中,一部分研究探讨了在线交互学习共同体对儿童青少年学习动机的影响(Konig & Hodel, 2013; Li & Chu, 2018; 王英彦, 杨刚 & 曾瑞, 2010);还有一部分研究关注认知和技术的结合,探究了在线交互学习共同体对学生认知能力(Brennan, 2014)的影响。这些研究大多采用定量研究或者定量和定性混合研究的研究方法(Konig & Hodel, 2013; Li & Chu, 2018)。

综上,本章主要对交互式数字媒体支持的在线学习共同体如何影响青少年的学习动机和认知发展进行了文献综述,并引用了具体案例进行进一步深入的说明。

6.1 交互式数字媒体支持的在线学习共同体

随着信息技术的发展,有研究发现计算机支持的交互式数字媒体为建立在线共同体(Online learning communities,简称 OLCs)创造了新的可能(Scardamalia & Bereiter, 1994)。这种在线学习共同体能够将各个年龄段、各种不同社会角色的人集中到一起。近年来,世界各地在线共同体的使用显著增加(Duggan, Ellison, Lampe, Lenhart & Madden, 2015)。

6.1.1 在线共同体概述

作为技术所延伸的学习共同体,在线学习共同体在运行过程中需要倚重平台的技术性支持,以计算机为媒介的通信系统具备独特的支撑功能,用以支持在线学习共同体的形成。以计算机为媒介的通信系统,按照设计和功能的不同,又可分为异步的和同步的。

异步的通信系统支持参与者随时随地的访问,其对话的基本单元是消息。异步系统有许多不同的类型,最简单的形式是点到点的系统,如电子邮件系统(Email)和论坛(BBS)。而同步通信系统则是支持参与者同时出现在电子环境中,基本的对话单元是随所发出的短句、评论,与面对面的对话非常相似——有即时反应。随着信息技术的发展,音频和视频也已成为电子通信系统可访问和可共享的基本信息单位。同步系统的基本形式是聊天室。实际上,在许多时候,同步和异步系统是紧密结合在一起的,许多通信系统既支持同步也支持异步。

信息通信技术能够给青少年的独立学习提供很大的支持,特别是在资源的随处访问方面。除此,信息通信技术更是为学习者共同体的建立搭建了一个通信平台,使得学习者能够在更广阔的范围内结成学习共同体。这个由信息通信技术搭建的平台支持学习者进行相互的合作、交流,吸收不同的观点和看法,进行持续的学习反馈、反思的学习者共同体就是在线学习共同体。

一、在线共同体的构成

在线共同体改善了用户之间的交互、信息交流和个人体验,其主要构成要素体现在如下方面:

1. 真实的问题情境

计算机网络可以将学生与现实世界中真实的问题联系起来,通过将学习者与真实的世界相连接,创建一个更为真实的学习情境。有研究者发现,一旦学生关注有意义的真实问题时,学生对学习材料更深层的理解力将得到发展(基思·索耶,2010)。

2. 共同的目标

参与共同体的成员有着较为一致的发展目标,这也是支持共同体成长的原动力,而成员则围绕某个具体目标开展持久的协作。

3. 成员异质性

共同体内部因成员差异(如文化背景、成长经历、实践经验等)而存在着客观的异质性(可大致分为"信息异质性"、"社会属性异质性"和"价值观异质性"),根据知识分布式的特点,协作团队中的知识也会呈现出异质性和多元化。差异是学习共同体内的重要资源,学习者发现差异的过程也是进行知识理解及创造的起点。

4. 基于网络的交互与协调

差异会产生冲突,参与者在与他人经验的冲突中进行协商,在交互理解的过程中重塑经验,而这种基于网络的互动和层层协调,体现出一种实践的逻辑,使得置身于共同体的学习者实现个体的社会化,获得彼此的身份认同,这种身份认同促成了成员间的相互信任,而相互信任则是共同体的基本价值体现(埃瑟·戴森,1998)。

二、在线共同体的多种形式

近几年来,在线共同体以丰富和多样的形式呈现在青少年的工作和生活中。这些形式主要可以概括为以下七种:

第一,由社交网站构建而成在线学习共同体(Barczyk & Duncan,2013;Lambic,2016)。社交网站的应用范围和方式越来越广,已成为人们获取新信息、建立人际关系的主要渠道。微博、微信、豆瓣等社交网站都在积极不断地探索利用其自身优势构建在线学习共同体。这些社交网站构建的在线学习共同体模式主要有两种形式:第一种是将在线学习共同体作为社交网站的一个构成部分,利用其社交网站的信息和人际优势推动学习行为的形成,吸引更多的用户和学习者参与其网站的在线学习共同体。在这种形式中,大部分的网站通过公共主页、在线问答等方式构建在线学习共同体,这种在线学习共同体是社交网络的附属。第二种是真实的网络问答社区。在这种形式中,与第一种相反,社会交往反过来成为在线学习共同体的附属和从属功能,以人人网和知乎网为典型代表。真实的网络问答社区,不同于百度知道这种即问即答的网站,它是通过对问题的关注度以及答案的有效性在社交成员之间建立社交的网络体系,旨在帮助用户开发和获取更好的教育和学习资源(顾海燕,2016)。

第二,还有一种研究广泛的在线学习共同体是专门针对某一主题的讨论论坛或公告板(Malinen,2015),如邻家社区(http://www.linjia114.com)是针对全民阅读与全民写作的在线学习共同体,2016年荣选中国国家新闻出版改革发展项目。再如虎扑社区(https://bbs.hupu.com)是针对体育赛事这种特定爱好的在线学习共同体。

第三,各高校利用自身的学习资源优势,依据一定的网络体系构建在线学习共同体,例如,中山大学工具间的5D空间、重庆大学图书馆的SNS社区等都是高校依据社交网络而构建的在线学习共同体。

第四,专业人士的实践社区或者企业社区形成的在线学习共同体(Malinen,2015),如华为企业互动社区(https://forum.huawei.com)主要建设有论坛和圈子等版块,用于支持针对各种有关信息通信技术服务的主题进行交流活动。

第五,开源软件开发而来的创意社区(Malinen,2015),开源软件,英文表示是"open source software",简称为OSS,字面意思是公开源代码的软件,其具备可以免费使用和公布源代码的主要特征。如"Scratch"是由麻省理工学院媒体实验室的研究人员开发的少儿编程工具。它是由开源软件"Squeak"开发而来(Scratchwiki,2019)。其特点是使用者可以不认识英文单词,也可以不使用键盘,就可以进行编程。构成程序的命令和参数通过积木形状的模块来实现。用鼠标拖动指令模块到脚本区就可以了。自2007年推出以来,它已经被成千上万的儿童和青少年(大多在8到16岁之间)用来创建和分享几百万个互动项目(包括故事、游戏、模拟和动画)。因此,Scratch既是一个在线交互式媒体创作环境,也是一个与其他人共享媒体信任的共同体(Brennan,2013)。

第六,专门为了研究目的开发的在线学习共同体。例如,快乐写作俱乐部(www.joyouswriting.com)是专门为了研究的目的而创建的基于维基的在线学习共同体(Li & Chu,2018)。

第七,有一些在线学习共同体以网络游戏的形式出现。例如,微信"头脑王者"游戏,通过与微信用户组队,进行答题比赛的形式,学习理科、社科、影视、音乐、时尚等各类知识。

这些在线学习共同体的规模各不相同,从拥有数百万用户的大型全球流行网站,如维基百科,到只有10—20个成员的小型学习社区。几乎所有被研究社区都是"真实"的,因为他们由实际成员组成(Malinen,2015)。随着技术的发展,更加友好和智能化的新技术不断被研发出来,从而不断孕育出更多新型的在线共同体。

6.1.2 在线交互学习共同体对学习的影响

在线共同体渐渐被青少年在教室外用于支持学习过程。在线学习共同体为学习者提供交流和分享的平台,鼓励学习者利用聊天工具、电子会议室、维基等进行人际沟通,讨论学习问题,促进学习者之间的协作和分享,在集体中共同进步,让每个成员都成为网络学习的受益者,从中找归属感(Speily & Kardan,2018)。

国内外对不同形式的在线学习共同体对青少年学习情况的影响的研究也非常广泛。其中,大量的研究集中于在线学习共同体的环境因素对学习效果的影响,研究的环境因素主要包括：(1)对干预的设计(协作、社会媒体的使用、教师辅导等)因素。例如,基于社会系统理论构建了"在线学习共同体的社会系统结构"模型及支持策略,实现了对在线学习共同体的团队组织、沟通交流、自我参照和自我生产的系统设计。在一项关于微课设计的在线学习中,依据其模型进行了 OLCs 的设计和实践。研究表明,共同体成员的协作互动频率明显增强,知识建构水平得到较大程度提高,特别是高水平知识建构的频次尤为明显。(2)交互技术与任务的匹配因素。例如,有研究表示为了提高小学生的中文作文水平,设计了一种基于维基的协作过程写作教学法,被证明维基具备支持协作写作的技术可供性,对小学生的写作能力有积极的效果。(3)协作学习或信息共享因素(Deng & Tavares, 2013; Junco, 2012)。信息共享是指会员之间交换信息、经验和技能的活动。OLCs 适合支持学习者之间的互动和共享(Speily & Kardan, 2018)。信息交流在激励 OLCs 成员和活动方面发挥着重要作用,在其成员眼中,它也与 OLCs 的价值有着直接的关系。在 OLCs 中,共享信息提高了所有小组成员的知识和技能。在这些社区中,分享信息有增加学习者参与学习过程的倾向(Junco, 2012)。

学习结果是衡量在线交互学习共同体有效性的指标,然而大部分研究针对不同学科的具体内容,学习效果除了体现为不同学科的成绩之外,还主要体现在学习动机和认知两个方面。

首先,相关研究指出了学习动机在在线学习环境中的重要性,在线远程教育的高退学率可能是学习者缺乏明确的学习动机造成的,在线学习者学习积极性不高,在线学习时间不够,利用率低(杨文阳 & 胡卫平,2015;王英彦等,2010)。而对在线学习共同体有吸引力的交互技术被认为有利于调动学习者的学习动机(Rambe, 2017)。在线交互学习共同体对学习动机的影响经常被强调为研究在线学习共同体的一个重要问题。例如,通过一所南非大学的谷歌协作学习小组,研究者发现了在线学习共同体的互动参与技术对于不同的学术参与的影响。其研究指出,在谷歌群组上进行的一些深入的对话表明,有效地使用技术需要谷歌群组具备更有吸引力的技术功能,结合各种文本格式,以改善互动者的社交和情感存在,增加学生参与任务行为的动机,并改善谷歌群组成员对交互技术的学术效果的看法(Rambe, 2017)。楚(Chu)等人(2017)探讨了维基在香港中学生协作作文写作质量中的价值。研究结果表明,维基促进了协作写作,教师采取了相应的教学策略,提高了学生的学习动机。

再次，在线学习共同体的交互技术对青少年学习效果的影响还体现在青少年认知方面。这些研究主要集中在几个方面：

第一，在线交互学习共同体对儿童青少年社会认知的影响(Chiu, Hsu & Wang, 2006)。社会认知理论强调人在社会行为中的认知因素，受众在选择信息并且根据信息进行反应行为的过程就是社会认知发挥作用的过程(宁婧怡，2016)。

第二，在线交互学习共同体对儿童青少年个体认知的影响。前期研究主要集中于探讨社会媒体与青少年的个体认知(Li & Chu, 2018)，以及在线交互学习共同体对青少年元认知两方面(Akyol & Garrison, 2011)。

随着技术的发展和对OLCs研究的不断深入，OLCs及其交互技术对青少年学习动机和认知的影响是OLCs对学习效果产生作用的值得深入探讨的关键问题。

6.2 在线交互学习共同体和学习动机

动机被分为内在动机和外在动机，从本质上讲，内在动机的用户不期望外部激励他们的贡献，参与共同体本身已经作为对自己的奖励(Cook et al., 2009)。在库克(Cook)等人(2009)对创造性音乐学习共同体的研究中，他们发现业余爱好者和专业人士之间的差异，因为专业人士不太可能回到学习共同体。但在对一个数学问答网站的研究中，研究者得出了相反的结果，因为拥有最多专业知识的人更多地使用该网站帮助其他人，并且发现在声誉建设方面专家和非专家之间没有区别(Tauszcik & Pennebaker, 2012)。那么，在线交互学习共同体和学习动机究竟是如何相互作用的呢？

6.2.1 外在动机和内在动机

学习动机(Motivation to Learn)是指激励并维持学生朝向某一目的的学习行为的动力倾向(钱颖，1986)。它是一种内部的心理活动，不能直接观察，但可以通过观察外显的学习行为，比如学习者努力和坚持的程度，可通过言语、行为等来推测其动机的性质和水平。例如，看见一个学生一天都在认真听课，我们推测其学习动机可能很强；看见一个学生在课堂上睡觉，我们推测其学习动机可能很弱；听到一个学生表达自己对一堂课很感兴趣，我们推测其学习动机可能很强。

学习动机并不是越强越好,过分强烈的学习动机会让学生处于一种紧张的情绪状态之中,限制了学生的认知活动。根据耶克斯—多德森定律(Yerkes & Dodson, 1908),动机与绩效之间的关系是一种倒 U 型曲线关系。虽然动机是推动行为的动力,但是并不能完全凭学生的学习动机就预测他的学习行为和学习效果,因为学习动机并不是直接地卷入知识的相互作用过程中影响学习效果。学习者一般通过加强努力,集中注意,采用合适的学习策略,去影响知识的相互作用。因此学习动机犹如催化剂一样,间接地增强与促进学生的学习效果。

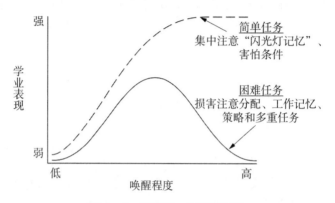

图 6-1　耶克斯—多德森定律

美国教育心理学家奥苏贝尔(Ausubel)认为,激发学生的学习动机是整个教学活动的第一步,是直接推动学生学习的内部动力。动机可以影响有意义学习的发生与保持,更能影响学生对所学知识的提取。然而,动机和行为的关系是非常复杂的,不是一一对应的关系,仅凭行为难以推断学生的动机,许多不同种类的动机影响学生的行为,学生的学习动机往往不只一个,而是由多种动机组成的复杂动机(牟书 & 宋灵青,2014)。被广泛研究的理论是德西(Deci, E. L.)和瑞安(Ryan, R. M.)的动机理论,即自我决定理论(Deci & Ryan, 1985; Deci & Ryan, 2000; Ryan & Deci, 2000)。

自我决定理论,即 Self-Determination Theory(SDT),是一种动机理论,它假定人类不断积极地寻求挑战和新经验以发展和掌握。在教育中,理论认为学生有动机去实现不同的目标(Link, 2013)。与其他动机理论不同,自我决定理论提供了"属于有意或被外部激励的行为类别的区别"。这些被外部激励的行动是自我决定的,只要它们被一个人的自我意识所认可(Deci, Vallerand, Pelletier & Ryan, 1991, P326)。当一个行为属于被自我决定,个体确定控制点在自我内部;而当行为被控制时,控制点在自我外部。外部或内部决定因素之间的重要区别不在于行为是外部激励还是内部有意产生的,而在于它们的内部调节过程以及内部调节过程如何驱动外部行为的。为了在课堂环境中促进学习者的自我决定,我们需要理解动机理论的两个因素:内部成就动机(Internal Achievement Motivation,IAM)和外部成就动机(External Achievement Motivation,EAM)(Ryan & Deci,2000)。

最符合自我决定的行为类型是内在动机激发的行为。这时,行为是出于个体自身的缘故而诱发的,并且行为直接与行为中获得的快乐、兴趣和满足感相关。具有内在动机的个体由于从行为中获得的内在满足感而从事行为。当从事这些行为时,人类是自我调节的,对活动感兴趣的可以选择从事活动,并且可能在没有外部奖励或约束的情况下工作(Deci & Ryan,1985)。因此,内在行为是因为个体根据自己的意愿选择参与活动而发起的,具有内在动机的孩子能从学习中得到乐趣,且动机的持续时间较长。比如当孩子选择一本特定的故事书阅读和阅读它只是为了享受,这说明其动机为内在动机。

外在动机产生的行为是"工具性的"。它们并不是出于兴趣而执行的,而是因为它们被认为有助于"产生期望的外部满足"。因为外在动机的满足不在学习本身,而在学习之外,比如教师经常用"奖品"鼓励孩子参与学习活动,这时的学生为了得到奖品而进行学习,那么他们受到来自外部的激发就是外在动机。外在动机持续时间较短,一旦达到目的或者失败,学习动机都会下降。比如,在教学中,很多教师利用一定的外部激励手段来激发学生的学习动机,如分数、奖励、赞扬等。过多使用外部激励手段则可能会对内在动机产生损害,降低学习活动的价值(牟书 & 宋灵青,2014)。

当外在动机与内在动机结合在一起时,外在动机可能不会抑制内部动机,使得学习行为更加自主而非受外在激励的,决定因素是内部化的因素。在自我决定过程中,内化被视为一个动机过程。自我决定理论家报告说,他们相信人们天生就被诱导,使"对社会世界中有效运作有用的无趣活动的调节"内在化并融入自身;有效整合和化解过程是"社会情境的功能"(Link,2013)。因此,在教学过程中,教师要注意塑造有利于外在动机内化的社会情境。

马斯洛认为,个体有求知的需求,即人们会主动寻求知识满足自己的好奇心(马斯洛,1987)。但这种需求可能是个体在成长或者生活学习过程中,受到偶然机遇的启发而来,正如陆游所讲"书到用时方恨少,事非经过不知难"。例如,一个中国儿童起初对地理毫无兴趣,直到来到意大利旅行的时候,需要利用地理课上描写意大利海上水城威尼斯和罗马的知识给父母当导游,他突然理解了地理课的价值,从而对地理课充满了兴趣,这是学生内在动机的基础。

兴趣分为短期的情景兴趣和持久的个人兴趣。短期的兴趣与学习任务的新奇性、多样性、挑战性有关,通过引发学生的好奇心,调动他们对学习内容的兴趣。随着多媒体引入课堂,教师可以方便地使用丰富的图片和声音来调动学生的学习兴趣。例如,地理教师如果在教授意大利这个国家的地理知识时,采用视频、图片和情景教学方法,呈现在意大利旅游的中国学生应用地理知识做父母导游的场景,然后随机导入相关的地理知识,学生或许会对所学知识的价值有豁然开朗之感,进而因短期的情景兴趣对地理知识萌发持久的个人兴趣。根据学习动机的自我决定理论(Deci & Ryan, 1985; Deci & Ryan, 2000; Ryan & Deci, 2000),教师借助多媒体塑造的"社会情境"实现了将外在动机内化,从而激发出学生的内在学习动机(Link, 2013)。

因此,为了提高学生的学习动机和学习效果,不少教师和研究员尝试通过教育技术与学科整合,辅助学生学习相关学科的内容(Konig & Hodel, 2013; Li & Chu, 2018)。

6.2.2 在线交互学习共同体影响的学习动机

在线交互学习共同体中以"交互"为情感枢纽,青少年不再是被动的接受信息,而是将自己主动投入其中,基于自身的经历、感悟、心境、情绪等,产生快乐、悲哀、愤怒、恐惧等情感反应,通过与媒体和同伴的互动加以传达,进行反馈,得到信息互通和情感共鸣(韦艳丽,钱朝阳 & 张懿丹,2017)。因此,大部分研究者认为在线交互学习共同体可以通过交互技术提高学生的学习动机(外部动机),且进一步将外部动机内化(王英彦等,2010)。然而,也有一部分学者认为学生的学习动机受主题影响很大,内部原始动机起决定作用。此外,少数学者也曾质疑研究学习动机的重要性(Wohn, Velasquez, Bjornrud & Lampe, 2012)。

有关第一类研究,目前主要关注在如何激发在线共同体学习者主动学习,提高其学习积极性方面。例如,有研究者为了更好地激励学习者主动并快乐地用手机软件学习英语词汇,结合相关的激励理论和前人的激励机制的研究,在教学策略、教学评价和个性化学习三个方面进行激励机制的设计,即以共同体闯关游戏、PK对决为基本的激励策略,金币奖励贯穿整个激励机制中,通过有效的奖励机制,促使学习者积极地进行英语词汇的学习。

学生的学习动机与学生的学习情感紧密相连,因此要想提高学生的学习动机,要注意开发教材资源,激发学生探索欲望,培养其自信快乐的学习情感,重视学生情感在教学中的重要性(尹玉香,2015)。例如,雷斯(Reis)等人(2018)在系统地研究了计算机支持的协同学习(Computer Supported Cooperative Learning,CSCL)中情感状态(情绪、情绪和人格特征)和社会—情绪因素如何被考虑,以及如何创造更好的智能协同学习环境所面临的研究挑战。为了开展这项研究,雷斯团队查阅了六个数字图书馆和两次国际会议,并分析了1473篇论文。研究提出了三个主要的研究挑战,以供社区在未来十年中解决如何创建更好的计算机支持的协同学习环境:情感意识、编排学生的互动以及小组形成。其研究能够有助于在该环境中增加对情感计算的研究,并鼓励来自科学界的研究人员调查这一领域出现的挑战和研究差距,以创建感知情感的智能协同学习环境。

王柏岩和奚晓霞(2018)以OLCs和学习动机理论为基础,提出适应我国农村中小学生的网络辅导模式。其模式由学校教师和网络辅导教师(即数字学伴)双师共同服务于学生,由四个子模式构成:同步视频交流和异步网络论坛、在线讲解与习题练习、课业辅导与成长陪伴以及学校教师指导与数字学伴辅导相结合。最后,对学生在网络辅导中的学习动机、持续的认知投入以及OLCs对动机和认知投入的影响给出建议。其研究指出,为了持续维持学习活动,教师需要向学生提供大量的辅助资料和学习支持。这样,学生在遇到困难时就不会轻易放弃。否则,学生可能会困惑、灰心甚至放弃,最后只付出很少的认知投入。此时,教师面临的一个重要挑战,是如何在学习活动中预见学生的困难。这需要时间,依靠自身教学经验以维持学生学习动机、认知投入。

还有研究认为,在线共同体学习活动与传统的学习环境有本质区别,如同伴协商、临时拟定的趣味性学习主题和吸引人的细节性内容等,有利于提高学生的学习动机。例如,王英彦等(2010)对在线学习者激励机制进行了定义、分析,从激发学习者学习动机的内在因素出发有针对性地提出激励措施。这些措施包括:第一,构建具备协商、异质、脱域和多重性的在线学习共同体,使得学习者在教师的帮助下,与专家或同伴交流各自的经验感受,不仅能共同建构和分享知识,完成特定的学习任务,而且还可以体验到彼此的接纳和支持,从而增强克服困难的信心和学习的动力。第二,整合异构资源,让学习者在共同体内与其他成员的资源进行共享,为实现集体智慧而提供契机。第三,以认知目标为导向,激发学生的学习动机。第四,运用色彩设计界面,增加交互的可视化效果。比如,注意保持网页界面设计的感官美观度(如视、听、触觉)和间接的美感度(如界面的友好、方便、实用等)以及结构设计的合理度。

有研究者研究了德国安贝格—苏尔茨巴赫县的西奥多—豪斯中学历史科目使用维基软件进行教学的效果。其研究发现,学生对于使用维基工具进行历史课学习的态度是正面的。一名学生指出:整个分析资料的过程是有趣的,而整个分析对他来说就是一个"课堂作业"。他强调,班级中的学生可以无需教师的帮助就完成资料的解释。根据其对于课堂的观察,在编写的过程前,小组中的讨论是热烈的。这样,他们在编写时也会更加的深思熟虑。他们也注意到,在课堂上表现出众的学生在编写维基的文章时候也十分出色,他们大多是群组里的主导者;相反,表现较差的学生则负责其他工序,包括对图片进行描述以及拟定问题(Konig & Hodel, 2013)。

一部分研究集中于研究在线学习共同体采用教育游戏激励学习。很多学者与研究人员提出开发设计教育游戏软件,以激发学生的学习动机和提高学习投入,继而提高学生的学习效果。青少年时期最重要的任务是学习,为了使得学习活动能够产生同样或类似的"魔力",一些教育游戏网站或软件也被开发出来。以游戏激励学生改善其态度获得巨大的成功,不仅可以使青少年免受网络游戏的负面影响,还可以使他们在身心发展的重要阶段完成他们应该完成的性教育学习(Hussein, Zainuddin, Mellecker, Hu & Chu, 2018)。

第二类研究主要主张内部原始动机对参与在线学习共同体有决定作用。例如,有调查了预测电影评级社区中哪些新人将成为积极参与者的可能性,并将志愿活动的动机归类为其他导向(例如为了学习他人或造福他人),以及自我导向(例如为自己获得利益)。其他导向的原始动机预测了更高的基本参与度,因此社区参与度更高的人也更容易产生社区感。

有趣的是,少数学者认为理解动机的重要性有时候是需要被质疑的。他们批评研究人员假设用户是理性的个体,总是知道自己在做什么和为什么。据他们所说,无意识的习惯可以解释为什么用户不积极思考就参与网站和参与,习惯起着更大的作用,尤其是在需要较少认知努力的任务中。因此习惯与轻量级的内容制作（如评级和消息）有关，尤其与内容消费有关(Wohn et al., 2012)。

基于以上研究综述，学习动机的提高是个体、学习内容与OLCs学习环境（OLCs的技术与教学法的设计等）因素相互作用的结果。接下来的小节选取了"快乐写作俱乐部"作为一个典型案例(Li & Chu, 2018; Li & Chu & Ki, 2014; Li, Chu, Ki & Woo, 2012)，以进一步说明OLCs学习环境对学习者学习动机的影响。

6.2.3 快乐写作俱乐部与学习动机

作为一个专门为了研究目的开发的在线学习共同体的典型案例，"快乐写作俱乐部"(www.joyouswriting.com)是由Li和Chu(2018)在其研究中创建的一个基于维基媒体(MediaWiki)的协作学习平台，该平台用以辅助中国小学生的中文作文协作写作。

用技术支持写作文学习意味着理解协作学习的复杂性，需要仔细选择学习任务、活动顺序以及安排技术和社会工具，以支持在线和离线环境中的知识共建。此外，在过程中，教师或者技术手段提供必要的学习支持，降低学习者因为学习失败带来的失落感，有利于强化学习者的学习动机(Li & Chu, 2018; 唐卉, 2013)。

Li和Chu(2018)选择了维基这种技术手段来支持协作写作，为了有效地提高中国小学生的作文水平、写作兴趣和学习动机，提出了高级的基于维基的协作过程写作教学法(HWCPWP)，该教学法基本涵盖了学习组的组成及大小、角色和资源的分配、交互模式、任务分配等内容。深圳一所小学的语文教师和四、五年级的小学生参与了该研究，小学生的平均年龄大概为10岁。整个平台共分为第一、第二和第三写作社区，分别用于支持三个阶段的研究和写作学习。每个写作社区分两个部分：教师园地和学生园地。教师园地设有写作指导、评分标准和奖励规则的页面链接。学生园地主要是小组写作活动区域。

维基提供的技术可供性包括支持阅读能力、查看能力、共写能力的媒体可供性；支持调整能力和移动能力的空间可供性；支持回放能力、登陆能力和记录能力的时间可供性；支持查询能力、浏览能力、链接能力和数据处理能力的导航可供性；支持突出显示能力的强调可供性；支持权限能力、分享能力、格式化能力的访问控制可供性(Bower, 2008; Li, Chu & Ki, 2014)。

同一组的学生一起在一个维基页面上写一篇文章，例如，第四小组第四次习作的维基页面，由四位同学协作完成了一篇题目为"小狗花花当医生"的作文。基于维基的历史记录功能，第四小组的四位同学所有写作、编辑和修订的历史都被保存了下来，每位同学写作和修订的内容都可以通过该记录进行查询和追溯（Li & Chu, 2018）。基于维基的讨论功能，不同小组的同学们对小组写作进行互评。他们将评论的内容写在讨论区维基页面上，从图6-2中可以看到，其他小组的小学生们在第四小组的作文讨论区页面上留下了很多带有鼓励和肯定色彩的评论，也有对于内容、标点符号等等的修改建议。受访学生表示，他们可以从其他学生的评论中获得知识和鼓励，并根据学生的评论修改作文。结果表明，小组和小组之间的电子通信可以支持一种有效的促进社会协商和学习的建构主义教学策略（Almala, 2006）。这与强调知识是社会互动的结果的社会建构主义理论是一致的。

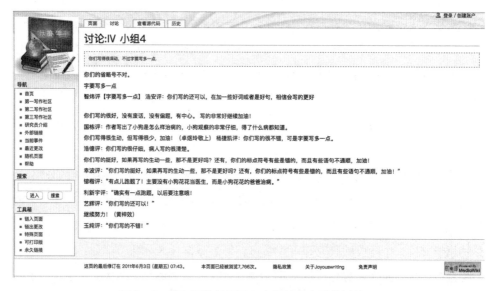

图6-2　第三写作社区第四小组第四次写作讨论区

根据这项研究的结果，维基媒体提供了一个支持协作写作行为的学习环境。在维基媒体的支持下，快乐写作俱乐部帮助塑造了协作写作的文化。

研究结果表明，经过一段时间的练习，小学生在维基上的写作表现有显著提高。虽然，基于作文前后测的定量研究的研究结果表明，小学生的写作能力并没有显著性提高;然而,老师和大部分小学生都认为快乐写作俱乐部有利于提高他们的写作能力。这些改变与社会观点的写作过程理论一致(Tompkins,2008)。在写作过程中,每个组的学生彼此交流和互动,以教师为中心转变为以学生为中心,学生和教师的权威被平衡。这些改变符合社会建构主义的理论(Cheng,2009)。在作文教学中强调社会文化背景、群体学习的协作性质和知识建构(Faigley,1986),能够为学生的独立写作和品德发展提供更好地准备(Li,Chu & Ki,2012)。

值得一提的是,正如快乐写作俱乐部这一个"快乐"的名字一样,基于维基的协作过程写作,使得大多数学生的写作动机和写作兴趣显著提高。该项目尊重个体的主体性和主动精神,注重开发学生的社会交往智慧。协作写作有利于小学生克服以自我为中心、自私自利、损人利己等弱点,学会尊重和接纳他人的不同意见。在协作中形成的互惠,可以帮助小学生逐渐提高道德水平和基本素质,更好地处理人与自然、人与社会、人与人的关系,从而达到人文素质教育的目的(Li & Chu,2018)。

"快乐写作俱乐部"作为一个精心设计的OLCs学习环境,其交互技术和相关教学法对青少年学习动机具备积极的影响。随着对其研究的不断深入,OLCs及其交互技术对青少年学习认知的影响也成为被众多学者探讨的问题。

6.3 在线交互学习共同体和青少年认知发展

安徒生在其童话《天国花园》中曾经这样写道:"从前有一位国王的儿子,谁也没有他那么多美丽的书:世界上所发生的事情,在这些书本里他都读得到,而且也可以在一些美丽的插图中看得见。他可以知道每个民族和每个国家……"(安徒生,1978)

在安徒生时代的儿童青少年一定非常羡慕这个王子。随着社会的进步,当代的青少年能很容易像那个小王子一样足不出户就看见各个民族和国家发生的故事。在新的科学技术支撑下,各种形式的交互技术刺激着青少年的感官系统,为儿童青少年创造出各种感知觉体验,促进其与媒体信息之间的交流与互动,使得儿童青少年从中可以方便快捷地获取对这个世界的更加广泛和丰富的认识。

在当今的生活中,交互式数字媒体无处不在地影响着儿童青少年的生活。从这个层面上说,现在的儿童青少年都是幸福的,他们每个人都像《天国花园》中所描述的那位王子一样,轻松就拥有对这个世界更加广阔的见识。例如,青少年通过网络搜索引擎查询和搜索资料,解决自己不明白的问题。如果想要了解巴黎,只需要通过搜索引擎,就可以查询到关于巴黎的介绍、新闻、图片、历史等等信息,应有尽有。

不少研究证明,在线交互学习共同体有利于个体认知的发展,然而,根据分布式认知理论,认知在个体、媒介、文化、社会、时间五个方面内分布,因此该部分首先讨论了交互技术支持下的分布式认知;接着重点讨论了交互技术支持下的个体认知发展。

6.3.1 交互技术支持下的分布式认知

在 20 世纪 80 年代,工程心理学家哈钦斯(Hutchins)等人明确提出了分布式认知(Distributed Cognition)的概念。分布式认知理论将学习的主体、与主体相关的群体以及学习环境看作一个学习分析单元,强调从系统的角度考虑分析学习活动,将认知从个人扩展到个人与环境的交互。分布式认知重点讨论了认知在五个方面的分布:

(1) 认知在个体内分布。知识是在脑中非均匀分布的。认知科学和认知神经科学中的一种重要的理论——模块说——支持这一观点。模块说认为,人脑在结构和功能上都是由高度专门化并相对独立的模块组成,这些模块复杂而巧妙的结合,是实现复杂而精细的认知功能的基础。

(2) 认知在媒介中分布。认知活动可以被看成是在媒介间传递表征状态的一种计算过程。其中,媒介可以是内部的(如个体的记忆),也可以是外部的(如地图、图表、计算机数据库等)。

(3) 认知在文化上分布。文化是指规范、模式化的信念、价值、符号、工具等人们所共享的东西。文化是模式化的,但并不是统一的。文化需要在面对面的实地交流中才能被体会或感受到。文化以间接方式影响着认知过程,例如,不同文化背景下人可能具有不同的认知风格。

(4) 认知在社会中分布。在具体情境中(例如在餐厅),记忆、决策等认知活动不仅分布于工具(菜单、椅子和桌子的布置、桌号)中,而且分布于规则(例如,就餐后离开餐厅前付账等)中,分布于负责着不同性质工作的人(例如,是服务员,而不是洗碗工,负责餐厅内就餐的各项事务)中。

(5) 认知在时间上分布。认知横向分布于每个认知主体特有的时间维度上,纵向分布于特定认知主体的过去、现在和未来。例如,成人常常根据他们自己过去的或文化上的经验来解释儿童的一些行为。

分布式认知理论进一步强调了个体和环境的紧密联系,也重新审视了智力的本质。如果智力过程和产品可以看成在个体之间或个体与环境之间分布,那么智力就不仅仅是大脑的特征,而是以个体与环境这个系统整体的特征。这种系统智力观在现代社会实践中具有重要的意义。例如,学生要解决一个化学问题,他们需要使用相关的化学公式和解题技巧,但是同时也需要使用计算机、各种化学仪器。他们将实验得到的数据导入计算机软件,通过对软件的操作,分析数据的趋势,思考其中的规律,从而得到实验结论和解决问题的方案。在这种情形下,学生利用环境进行实验、管理外部资源的能力都应纳入智力评价的范围。此外,一些复杂的现实问题往往需要多人的协作才能完成,因此当代社会越来越注重个体与他人合作和协作的能力。当前社会分工越来越细,每个人难以掌握所有的知识和技能,往往难以看到问题的全貌。因此,与他人协同解决问题,是现代社会人才应该具备的一种非常重要的基本能力。现代考核方式中也出现了允许学生以小组为单位进行考试。

网络世界就是一个社会分布性很强的环境,从物理环境上说,互联网是由全世界无数的服务器组成;从社会结构上说,数以百万计的使用者共同创造并使用网络世界的内容,成为一个巨大的学习共同体。学生们通过网络进行协作学习,计算机支持的协作学习(Computer Supported Cooperative Learning,CSCL)使得人与人的交互范围更加广泛。例如,维基百科汇集了全世界的人们协同编辑各自感兴趣的话题或者知识点,不同的学习者从不同的角度提供新的信息或者观点,通过相互交流和沟通,辩论和讨论,修正原有的想法,重新整合知识体系,共同解决问题,从而更为全面灵活地理解知识。

社交媒体中的开放架构通过利用大众的参与而增加了价值,与其他平台相比,由于社交媒体的接收能力和移动性,使用社交媒体的学习更容易进行。如今,许多学习者使用社交媒体来共享信息和知识,合作执行团队项目,讨论想法和概念(Dabbagh & Kitsantas, 2012),正如詹姆斯·索罗维基(James Surowiecki)所著的《群体的智慧》一书中所描述的(Lee & McLoughlin, 2008)。生活背景差异很大的学生们通过社交媒体讨论问题,产生认知冲突,这种冲突能引发学生的学习动机,激发了学生的求知欲望。例如,来自中国、澳大利亚和马来西亚的三个小朋友通过论坛讨论地理知识,不同地域下的小朋友对气候有不同的认知,中国的小朋友认为每个国家都有同样的四季,马来西亚的小朋友大脑中没有春夏秋冬四季的概念,而澳大利亚的小朋友认为夏天到来的时候中国和马来西亚也是夏天。他们通过交流引发了认知冲突,在好奇心的引导下,三个小朋友展开了对认知不同产生原因的探究学习,最终明白了地理和气候的相关知识。

有研究探讨以电脑为媒介的沟通工具的类型及虚拟来宾参与对学生在为混合学习环境而设计的在线学习共同体中的社会和认知存在的影响。参与者是计算机与教学技术教育系的85名学生。结果表明,计算机中介沟通工具的类型对社交和认知存在有显著影响,而虚拟客人参与对社交存在和认知存在没有显著影响。此外,性别与课堂社区意识之间没有显著关系,但是,女学生的学习感觉水平明显高于男学生。同样,女性在分享个人信息方面的舒适度也显著提高(Ozturk & Deryakulu, 2011)。

目前,有关在线交互学习共同体与认知在时间、文化和媒介中分布的研究还比较少,建议将来的研究可以深入到这些领域。接下来的小节总结了有关在线交互学习共同体对儿童青少年社会认知与个体认知发展影响的相关研究。

6.3.2 在线交互学习共同体影响的社会认知发展

在线交互学习共同体对青少年社会认知有重要影响(Chiu, Hsu & Wang, 2006; 宁婧怡,2016),基于社会认知理论,人在社会行为中的认知因素得到重视,受众在选择信息并且根据信息进行反应行为的过程就是社会认知发挥作用的过程(宁婧怡,2016)。

社会认知理论源自米勒和多拉德提出的社会学习理论,该理论认为个体的思想、影响和行为可能受到社会互动背景下观察他人的影响(Miller & Dollard, 1941)。自我效能感和结果预期是社会认知理论的两个重要组成部分,分别是指个体对成功完成行为能力的信念和个体行为可能导致特定结果的可能性(Anderson, Winett & Wojcik, 2007)。因此一部分研究主要强调在线交互学习共同体对青少年自我效能感和结果预期有积极影响。

有学者的研究假设个人和环境因素是在线共同体公民行为(Online Community Citizenship Behavior, OCCB)的主要驱动因素。其显示个人会选择去执行有益于他人的行为。实证结果证实了社会认知理论在在线共同体中的适用性。

有学者采用社会网络分析(Social Network Analysis, SNA)和认知网络分析

(Epistemic Network Analysis，ENA)的结合以检测关于学习者对协作学习文献所描述的角色的设定的信息，该方法称为社会认知网络特征(Social Epistemic Network Signature，SENS)，它是两种互补的网络分析技术的结合。所提议的 SENS 方法是主要通过 MOOC 平台提供的大规模开放在线课程中执行的协作活动中产生的数据上进行检查的。研究的结果表明，SNA 和 ENA 产生了互补的结果，SNA 和 ENA 的结合可以检测关于参与者制定计算机支持的协同学习文献所描述的角色的信息：认知和社会领域的集合，其特点是就适当的内容与适当的人进行交互。此外，研究还显示，低绩效共同体的学生倾向于主要关注与课程相关的主题以及与课程中其他议题的联系。然而，高绩效共同体的学生更倾向于关注与内容相关的主题，并将其与课程期望联系起来。关注与课程期望的联系可能表明元认知监控更强，并且自身学习与课程标准一致。

有学者以社会学习理论、社会认知理论等理论为基础，揭示了成员的自我呈现、其他成员的认同以及社会学习机会在知识贡献行为中的重要作用。其研究收集了一个受欢迎的中国网络社交问答社区的实证数据，并采用负二项回归对假设进行检验。实证结果表明，用户的自我呈现、其他成员的认知和社会学习机会对知识贡献行为有正向影响。在同伴认知方面，实证结果表明，使用者对其他成员的认知有积极的反应。其研究相信，在线社交问答社区可以为分享信息和获得认可提供一个成功的平台。由于没有经济奖励，社会奖励，如批准、地位和尊重，成为推动知识贡献的主要因素。用户愿意通过不断向社区贡献知识来维护自己的声誉和其他用户的认可。

还有一部分研究关注在社交媒体方面，社会认知理论被用来分析用户生成的内容是如何出现并影响用户未来行为的(Chiu et al，2006)。青少年对新兴技术拥有着广泛的好奇心，对于小学高年级以上的青少年群体，社交媒体成为他们最喜欢的媒体之一。社交媒体传播的信息已经成为青少年的一个重要认知来源。

社交媒体技术的功能，比如同步或异步连接，标记、发布、创建和组织虚拟组的能力，以及资源管理和共享，提供了轻松实现在线交互学习共同体的可能性(Mazman & Usluel，2010)。如今，许多学习者使用社交媒体分享信息和知识，合作开展团队项目，讨论想法和概念(Dabbagh & Kitsantas，2012)。比如，微博转发实质是信息分享和采纳行为，研究表明信息经由意见领袖转发后，会造成信息覆盖面剧增的现象。意见领袖被认为是造成信息广泛传播的一个重要因素，在社交媒体传播中对舆论的引导作用十分明显。汤胤、徐永欢和张萱(2016)对社交媒体信息传播中关键转发行为进行了研究。其研究选取微博作为研究对象,基于社会认知理论分析个体转发行为,构建了微博用户转发行为理论模型,特别研究意见领袖、个人认知的自我效能和结果期望对转发行为的影响。研究表明,意见领袖和个人感知中的自我效能和期望因素直接影响个体转发行为,同时意见领袖又通过自我效能间接影响个体转发行为。

综上,在线交互学习共同体对青少年的社会认知有重要影响(Chiu et al., 2006; 宁婧怡, 2016; Joe & Lin, 2008),特别是对学生的自我效能感和结果预期有正面意义和价值(Anderson et al., 2007);此外,在学习过程中,青少年应该逐渐提高个人的信息素养与辨别是非的能力,以抵抗在线交互学习共同体在塑造儿童青少年社会认知方面的负面作用。

6.3.3 在线交互学习共同体影响的个体认知发展

前期研究证明,在线交互学习共同体对青少年个体认知的发展也有重要的影响(Akyol, Garrison, 2011; Brennan, 2014)。例如,有研究者从技术、思维技能和交互等多个角度探讨了在线交互学习共同体的一种形式——计算机支持的协作学习环境作为多模态空间来促进英语作为第二语言学习的批判性思维。该研究主要包括如何使用多点触控式桌面,以及一个名为"数字奥秘"的应用程序。研究结果表明,计算机支持的协作环境下的合作能够有效利用有限的认知资源,支持第二语言学习者完成嵌入了高水平认知的复杂任务。其研究建议使用计算机支持的协作环境下技术将批判性思维技能的教学整合到第二语言课堂。

然而近年来,国内外有关在线交互学习共同体对个体认知发展的研究仍然相对比较匮乏。特别是国内大多数研究局限于理论层面,实证性研究较少。此外,前期研究还有两个方向主要集中于探讨社会媒体与青少年的个体认知(Brennan, 2014; Li & Chu, 2018),以及在线交互学习共同体对青少年元认知两方面(Akyol & Garrison, 2011)。

1. 社会媒体与青少年的个体认知

社交媒体对于个体认知的益处显现出来,因为这些技术促进了一种学习方式,在这种学习方式中,学生通过参与、讨论和重新表达要学习的材料来构建知识,而不仅仅是获得和重复现在,更重要的是以一种联合的方式——一个人的学习效果往往比不上许多人一起学习的效果(Tay & Allen,2011)。研究已经表明,社会媒体有利于学习的发展(Link,2013),感知觉、记忆和注意、思维和想象的发展(Brennan,2014;Li & Chu,2018)。

例如,有学者在对利用维基建立"快乐写作俱乐部"的研究中发现,多数学生能够按照给定的线性或非线性过程进行写作。通过协作写作过程向同伴学习写作方法和技巧,可以让多数学生的思路都更加开阔、深刻,小组讨论和同学互评有利于培养学生的批判思维和想象力。批判性思维和探究是以学习者的意识和能力为基础的,学习者有责任和控制力来建构意义和确认知识。这种意识和能力被称为元认知(Akyol & Garrison,2011)。

然而,儿童青少年通过社会媒体获得的对这个世界的认识,这种认识有一定的局限性,因为通过这种方式,儿童只是间接地接触世界,而不是直接地接触。很多时候,通过社会媒体所认识的世界并无法与生活中身临其境所认识的世界相比拟。例如,一部分儿童青少年在海边玩冲浪的游戏,他们获得对大海浪涛的亲身体验;而另一部分儿童青少年通过媒体观看同龄人在海边冲浪,他们并不能得到对大海及其浪涛的亲身体验。

此外,每个人的时间有限,当儿童青少年在电视和网络上花费的时间变长,在真实世界的传统的日常活动就会变短,很多研究建议儿童每天在电子设备上花费的时间不要超过2个小时。有学者(Al-Menayes,2015)调查了社交媒体使用、参与和成瘾对学业成绩的影响。首先,结果表明,使用社交媒体的时间量以消极的方式影响学业表现。使用社交媒体的时间与他们的学业成绩呈负相关。其次,社交媒体参与对学业成绩没有显著影响。这一结果表明,不像社交媒体使用,单独参与并不影响学业表现。最后,社会媒体成瘾量表(SMAS)的结果显示,成瘾意味着大量使用,而以前对学习成绩显示出同样的负面影响。

2. 在线交互学习共同体对青少年元认知发展

根据部分学者(Tobias & Everson,2009)的观点,元认知是一个更高层次的执行过程,它监控和协调学习过程中参与的其他认知过程,如回忆、排练或解决问题。也有学者(Kramaski & Dudai,2009)发现,群体反馈是提高元认知技能的一个有益工具。在他们的研究中,提供和接受群体反馈的学生比应用自我解释策略的学生和没有获得元认知支持的学生表现更好。

还有学者（Akyol & Garrison，2011）的旨在研究探讨学生如何在在线调查社区中展示其元认知知识和技能，强调元认知在网络高等教育中的重要性。研究基于一门关于"混合学习"主题的在线研究生课程，该课程共有 16 名学生注册。课程的设计和开发采用了共同体探究理论框架确定的策略，用于探索发展社会、教学和认知存在等方面的问题。例如，为了培养有效的教学存在，学生们通过引导在线讨论来分享课程讲师的角色和职责。该课程有九个星期的在线讨论，最后一周重新设计项目。第一、第五和第九周的在线讨论内容被选为评估元认知在线社区的调查，这也使研究人员能够观察到元认知随着时间的推移可能发生的变化。其研究结果表明，学生的元认知行为在在线学习环境中是可以观察到的。根据其研究开发的元认知结构分析得出在线讨论论坛中元认知结构各维度的指标，观察到学生意识到自己是一个学习者，能够监控自己的思维和学习过程，并且能够在需要时通过运用策略来调节自己的认知过程。在网上讨论中发现，认知监测指标和认知调节指标均处于较高水平。比如，在网上讨论中观察到，当学生对自己的学习表现出不确定性或僵局（即监控）时，他们也应用了认知策略，比如要求更多的澄清。这项研究的一个重要发现是随着时间的推移认知调节的增加。换言之，学生通过解释、提问、澄清、证明或在调查社区内相互提供策略而使元认知变得成熟。这一增强可以归因于与探究共同体理论框架相关的合作建构主义方法。

另外，也有学者（Wade & Fauske，2004）的研究强调社会存在在培养学生感到舒适的支持性学习环境中的作用也很重要。在他们的研究中，参与者发展了一种包容性、支持性和关系性的立场，帮助他们表达他们的同意，承认他人的价值观，建立在此基础上，在被要求时提供解释和建议，并挑战各种立场。这一结果证实了元认知调控需要策略运用反馈的假设（Akyol & Garrison，2011）。

综上所述，在线交互学习共同体对青少年的个体认知发展具有重要影响（Akyol & Garrison，2011；Brennan，2014；Li & Chu，2018），然而目前国内的相关实证研究还比较匮乏，值得进一步深入探究。

本章小结

本章主要讨论了交互式数字媒体支持的在线共同体，特别是计算机支持的协作学习对儿童青少年的学习动机以及认知发展的影响。通过本章的内容,可以看到,交互式媒体技术对于儿童青少年学习和认知的促进及支持已经得到了广泛的证明。将来的研究需要关注的主要问题是如何促使交互式数字媒体技术与教育的深度融合,特别是如何采用新技术设计开发在线学习共同体,促进学生的共同学习,使得在线共同体更好地发挥其教育价值,促使教育更美好。为有效保障交互媒体技术的发展与应用,首先,需要完善交互媒体技术的使用规范,明确使用原则,制定科学实施方案、应用范式及配套的学习资源;其次,交互媒体技术并不是对传统教育干预方法的取代,而是作为辅助工具或方法的必要补充,应当将其与传统的干预方法相结合,发挥其最大优势;最后,要降低技术的依赖性,提高设备的可获取性,并且提高教师、家长的信息技术应用能力,使得更多的学校、家庭等能够使用并且受益,促进儿童青少年的健康成长。同时,还需要明确,交互媒体技术无法取代教师、父母在教育中的主导地位,老师、家长的鼓励与互动、言传身教在教育生态环境下发挥着举足轻重的作用。

技术已经改变了人类围绕学习和知识创造的实践方式,同时揭示了以前隐藏的人类实践的各个方面。随着科技的飞速发展,新的支持和协作形式很可能会出现在这个过程中。我们应该探索如何利用新的技术创新来支持学习,但是教育和其他社会文化支持对于充分满足学生在协作学习中面临的要求和挑战同样是必不可少的。

第 7 章

虚拟与模拟：屏幕上的江湖

刚刚完成了三年级2班微信群里推送的最后一道作业题，

王小明就迫不及待地打开了《我的世界》。

在《我的世界》里，

他梦想太阳和海洋，

梦想森林与流水，

创造，破坏，捕猎，躲藏。

他学会更快、更深的呼吸，

他感受到生命的律动，死亡的虚幻。

……

一局游戏结束，

他又开始在《魔兽传奇》中畅玩。

新的梦想再次启航，

而这次的梦比上次的梦更加绚丽……

当前关注虚拟世界与真实世界之间关系的主要是社会学领域，研究者对二者连接起来的新世界进行了研究。关注虚拟世界对儿童青少年认知影响的研究多分布在心理学、教育学、社会学、传播学等领域。从这些视角出发的研究通常使用实验研究、调查研究和民族志研究等实证研究方法，探究虚拟世界对儿童青少年自我认知和社会认知的影响。其中调查研究多采用调查问卷的形式（丁倩，周宗奎 & 张永欣，2016；Hong, Huang, Lin & Chiu, 2014）。

7.1 屏幕连接的新世界

就像引子里的故事所描述的，屏幕文化不断加剧虚拟世界与真实世界的融合程度,虚拟世界依附真实世界的初始形态也发生了变化,使传统意义中真实世界的内涵更加丰富。人们在真实世界与虚拟世界中穿梭,在真实与虚拟中不断转换角色。

7.1.1 虚拟与真实的界限变得模糊

在真实世界中,屏幕文化的快速发展孵化出一个全新的虚拟世界。无论真实世界还是虚拟世界都存在真实与虚拟的交织,这也使得真实世界与虚拟世界的界限变得越来越模糊。在屏幕文化影响下所形成的虚拟世界具有平民化、平等性、开放性、自由性、隐蔽性等特征,极大地拓展了真实世界。因此,人们更加乐于穿梭于现实世界与虚拟世界之间,穿梭于真实与虚拟之间。

虚拟并不仅仅是一种方法,也是人特有的文化现象和精神活动。真实世界中的虚拟,多存在于文学艺术创作和科学研究中,比如,文学艺术中的想象、虚构、模拟;科学研究中的假设、假想、假定。随着科技的不断发展,虚拟作为一种技术手段已经应用于医学、工业等多个领域。这些都是人的本质反映,是人对有限生命活动的超越。

技术的发展使得真实与虚拟的界限越来越模糊,从单向媒体时代的视听模式到交互媒体时代的参与模式,一直到现在的沉浸媒体时代的具身模式。现实世界中人们与虚拟世界的联系越来越紧密,人们最初只是从虚拟世界中获得信息,慢慢人们也开始向虚拟世界输出信息,开始进行交互。除了思想方面的交流,如今人们开始将自己的身体以具身的方式映射到虚拟世界中,慢慢地似乎已经和虚拟世界融为了一体。

7.1.2 在屏幕上的江湖认识世界

1. 在屏幕上的江湖认识社会与自我

儿童青少年认识世界的过程,也是不断社会化的过程。社会化是指人学习各种社会规范、传统、意识形态,并将其内化为自己的行为标准的过程。在社会化的过程中,早期是父母占主导,基本由父母来教育儿童关于社会的各种规则,到了青少年时期,则是由同伴、父母、社会共同形成了社会化的环境。这种社会化环境最终将影响一个人社会化的过程、内容和结果。屏幕文化的快速发展,大大改变了儿童生活的社会环境,也改变了其社会化的过程(牟书 & 宋灵青,2014)。

虚拟世界，很自然地成为儿童青少年社会存在的一部分，成为儿童青少年认识社会的方式之一。儿童青少年作为社会性的存在，本身就处于一个公共的社会关系网络中，只有当其张开双臂拥抱其社会公共空间，他才能成为一个"人"。虚拟世界具有多种虚拟性——虚拟的国籍、地域、职业、年龄、性别，虚拟的生产、经营等等。同时，在虚拟世界中，真实世界中的很多东西都可以以虚拟的样态存在，因此虚拟世界就为儿童青少年更加自由的发展提供了一个崭新的空间。

虚拟世界中，首先是个体选择和信息加工发生了变化。个体为了维持良好的自我形象，倾向于选择和自我相关的积极信息，而忽略甚至拒绝与其意愿不相符合的信息。另外，由于信息与不同个体的相关性不同，对同一信息，不同个体的加工方式也不同，进而影响个体的行为方式。其次，从短期看来，若个体在面对一个较难的任务时，能够具有较高的能力知觉，就会增强任务进入、解决问题时自我调节的投入以及对信息进行认知加工的努力程度，进而产生相对较高的自我效能感，有利于任务的完成和实现。即使任务失败，这种积极的自我认知也能够让个体很快从失败的情绪状态中恢复过来。也有研究者认为，从长远来看，积极的自我认知能够激发他们的潜能，使他们更好地学习(Bouffard & Narciss, 2011)。

儿童青少年在虚拟世界中可以体验现实中很多无法扮演的角色(例如老虎)，他们可以赋予这些角色不同的性格，感受虚拟世界中的"他人"对这些角色的评价。儿童青少年从别人对他的态度中，从自己扮演的各种社会角色中，认清自己的角色，逐渐认清自己，并确定自我意识，达到自我同一性。如果这个阶段自我探索任务失败，青少年就会遇到角色混乱的危机，即无法体验到自身的存在，怀疑自我认识与他人对自己认识之间的一致性。儿童青少年在网络世界中不断尝试变化角色，试图实现自我认识、自我释放、自我确认和自我提升，确认自我的真实存在。虚拟世界中的多重虚拟身份成为儿童青少年成长中的不可分割的组成部分。

2. 虚拟世界影响儿童青少年认识世界的方式

虚拟世界的不断发展离不开各种模拟和虚拟媒体的支持，同时，这些媒体还不断改变着儿童青少年认识世界的方式。

儿童青少年对世界的认知源于知觉。知觉是各种感觉的结合，感觉可以分为外部感觉和内部感觉两大类。外部感觉包含了我们的视觉、听觉、嗅觉、味觉和触觉，内部感觉包含肌肉运动觉、平衡觉和内脏感觉。虚拟的世界给人以虚拟的感觉，从而影响人体大脑的知觉。目前,模拟和虚拟媒体主要采用视觉、听觉和动作实现交互,从而影响或者模拟人体的各种感觉。其中,动作交互包含了肤觉、肌肉运动觉、平衡觉等感觉的模拟。视觉就是影响人的眼睛,实际操作为佩戴头戴显示器;听觉就是影响人的耳朵,实际操作为佩戴耳机。用户握着手柄玩射击游戏时,可以模拟出握着手枪之类物件的感觉从而影响了人的触觉;在游戏中让用户握着手柄挥动,可以模拟出挥舞刀剑的感觉,这影响了人们的肌肉运动觉。人体位置重力方向发生变化能够刺激人脑前庭感受器产生平衡感,肌肉运动觉一样也是由人体运动刺激大脑而产生的,用户戴着头戴显示器转动头部时会带来平衡觉和运动觉的变化。总体来说,人们与虚拟世界的交互,是通过模拟人在真实世界中的各种动作从而产生动作交互实现的,进一步影响人的感觉、知觉和认知。

同时,在具身认知理论看来,人们的认知植根于人的身体,体现于人的身体。这种研究取向认为,认知过程是身体参与的,认知依赖身体,和身体密切联系而不能分开。考虑到抽象的内部表征,认知和学习可以发生在基础心理加工的不同层次。首先,认知过程进行的方式和步骤实际上是被身体的物理属性所决定的;其次,认知的内容也是身体提供的;最后,认知是具身的,而身体又是嵌入环境的。

儿童青少年在玩第一人称射击类游戏时会感到紧张,这是因为虚拟和模拟媒体为用户提供动态的互动体验,使得他们的思想和身体与媒介环境紧密相连。这一点也正好可以通过具身认知框架来解释,即人们会在感觉(屏幕上的视觉反馈)和非感觉(如实体书中的文本)环境中被中介的体验所吸引。根据具身认知理论的方法,认知是建立在身体和身体与环境的关系上的,心理表征是通过多模态系统(身体的各种系统)来存储的,这些系统整合了记忆、感知(如视觉)、动作(如运动)和内省。例如,在虚拟世界中,儿童青少年可以作为人类控制一个有尾巴的生物,或者说他们具有用三只手臂完成任务的能力(Won, Bailenson, Lee & Lanier, 2015),这样的经历会影响他们对世界的看法。

屏幕连接的新世界使得虚拟世界与真实世界的界限变得模糊,并且影响了儿童青少年认识世界的方式。儿童青少年将自己的身体表现映射到他们虚拟的身体上,并认为是自我的延伸,从而创造了一种幻觉具体化的现象。通过虚拟和模拟媒体,用户可以在物理世界中以不寻常或不可能的方式与环境进行交互。

7.2 屏幕上的江湖影响的自我认同

自我认同是个体对于自我的一种稳定且连贯的知觉,是在应对诸多选择的过程中形成的,同时,有学者认为,自我认同是只有在一定的情境中才可以被接受的。随着布洛芬布伦纳(Bronfenbrenner)提出的生态系统理论的不断发展,研究者们开始关注儿童青少年所处的环境对其自我认同的塑造的影响。屏幕文化的蓬勃发展使得儿童青少年置身于虚拟世界中。在这个新的环境中,儿童青少年与环境相互作用,其生理、心理均会受到影响,从而影响儿童青少年的自我认同。在虚拟环境中,儿童青少年之间不断受到各种人生观、价值观、世界观的冲撞,其自我认同也呈现了一系列的特点。

7.2.1 自我认同的概念及内容

在古希腊德尔菲神庙上镌刻着"认识你自己"这句箴言,古希腊哲学家苏格拉底在这条箴言的启示下提出了"认识你自己"的观点。人类对自我的认识经历了从简单到复杂不断完善的过程。

美国著名的精神病学家、发展心理学家和精神分析学家艾瑞克·埃里克森(Erik H. Erikson)首创了自我认同这一概念,此后这一概念被广泛地应用于社会心理学、人格心理学、发展心理学、教育心理学、咨询心理学和文化心理学等领域。

有学者总结了埃里克森的自我认同的概念,共得到下几个观点:①自我认同是对"我是谁"这一问题的外显的和内隐的回答;②自我认同是个人的过去经验和对将来的期望之间达成的一个新的统一;③自我认同产生了基本的一致感和连续感;④自我认同问题的回答是通过现实地评价自己的过去,思考自己的将来,尤其是应对意识形态和社会对自己的期望,同时探询文化和社会以及他人对自己知觉的适宜性来达到的;⑤自我认同整合和探询的过程围绕一定的领域发生,如职业、宗教信仰、政治观点等;⑥这一过程在各领域产生灵活且持久的承诺;⑦从客观的角度来看,自我认同能够保证一个人与社会的有效整合;⑧从主观的角度来看,自我认同感能够产生基本的忠实和忠诚感以及深刻的无意识的植根感、安宁感、自尊、自信和目的感;⑨自我认同发展的敏感阶段是青少年时期,但自我认同的发展是人一生的追求。

在拓展自我认同的内容方面,沃特曼(Waterman)居功至伟。沃特曼详细界定了作为内容变量和过程变量的自我认同,使自我认同概念扩展到职业、宗教信仰、政治观点、性别角色定位、娱乐、友谊、婚姻、道德、养育方式、家庭与事业的优先地位、少数民族、种族等领域,从而促进了不同领域的自我认同的内容与过程的研究。

7.2.2 在屏幕上的江湖认识自我

1. 自我认同——心理方面

研究者们从虚拟世界对儿童青少年心理需求满足的角度展开了研究。网络的匿名性和多种人格的扮演成为了发展友谊、获得归属感的重要途径。近年来风行的社交网站就是在青少年自我认同需求的基础之上建立的。从博客到脸书、人人网、微信、微博,各种社交网站都大力鼓励人们将自己的生活用文字、图片、视频的方式呈现出来,也鼓励网上用户之间的互动。相关数据表明国内主流社交网站——微信朋友圈和QQ空间在整体网民中的覆盖率分别达到84.3%和65.8%,且社交网站在青少年群体中具有较高的渗透率。儿童青少年在他们喜欢的虚拟世界中花费了大量的时间,而这或许是一系列儿童青少年问题产生的根源。研究者调查了174名台湾地区网络玩家,收集了虚拟世界对人际关系质量和社交焦虑程度潜在影响的数据。数据分析表明,随着儿童青少年沉浸虚拟世界的时间增加,他们的人际关系质量会下降,而社交焦虑增加。虚拟世界使得儿童青少年在虚拟世界中(网络游戏)不断地克服挑战,从而获得一种自我成就的感觉。

许多研究者以同一性实验的方式研究了儿童青少年在虚拟世界中的行为,在虚拟世界中,通过自我表征和自我探索,可以帮助青少年构建自我认同感。诸多研究表明,虚拟世界为儿童青少年的自我认同感的形成创造了更多的机会。

青少年可以进入一个虚拟的网络环境,与其他人讨论问题。虚拟世界中非面对面的交流能够减轻青少年被评价的心理压力,使得青少年更能够自如地进行自我表达。互联网的匿名性还可以使青少年在网上更改甚至编造关于自己的信息,包括性别、相貌、家庭背景、价值观等等。青少年在经历自我认同危机、努力解决自我认同问题的阶段,会产生较高的焦虑,对自己的形象比较担心,也容易感到孤独。这个阶段的青少年更容易在虚拟世界中花费更多的时间。与现实的真实生活相比,在虚拟世界中与别人沟通会更少感到害羞并愿意说更多的话,这是一种人际交往的社会补偿。

心理学家们广泛研究了社交网络对儿童青少年的心理影响。由于社交网站允许用户将自己暴露给其他人,并从他人那里得到反馈,这为青少年的自我表征提供了一个很好的社会反馈,这正符合了青少年自我表征、自我探索的需要。青春期是个体产生焦虑、抑郁、低自尊等心理问题的易感期,社交网站作为一个可供青少年展示自我并与同伴交流的平台,虽然会给青少年的生活带来积极影响,但是不恰当的使用或过度的使用也会在一定程度上增加个体产生心理社会适应问题的可能性。此外社交网站具有较强的用户粘性,研究者采用问卷调查法对658名具有社交网站使用经验的大学生进行调查,探讨大学生社交网站使用与依赖的关系,结果发现用户频繁地使用社交网站可能会导致社交网络成瘾(丁倩等,2016;Hong et al.,2014)。

迷恋社交网络的青少年常反复查看网站动态,并期待好友点赞与评论,如果长期没有收到好友积极的反馈或收到了消极反馈,个体可能会产生消极情绪(Neira & Barber,2014)。社交网络成瘾的个体投入过量的心理和时间资源在社交网站中,对社交媒体具有强烈的依赖性。当难以登录社交网站时,他们可能会表现出焦虑、烦躁及抑郁等不良情绪。因此,社交网络成瘾会对青少年的心理社会适应产生消极影响。还有研究者发现,社交网站成瘾的青少年会花费大量的时间和精力在社交网站上,如浏览好友的动态、分享自己的感受,个体与社交网站好友的互动会大大增加,这有利于建立和维持良好的人际关系。但是随着心理资源的消耗,个体在社交网站中处理人际事务和信息时会倍感压力,即产生认知负载(Maier, Laumer, Eckhardt & Weitzel, 2015)。一方面,大部分青少年在社交网站中拥有很多好友,对好友过度的关心(如将使好友感到快乐视为己任)以及人际交往问题(如礼尚往来)会给个体带来压力,同时,也容易使个体感到苦恼,情绪低落;另一方面,社交网站中信息较多(如好友动态、营销号动态、广告等),其中大部分无关紧要的信息也会占用个体的心理资源,由此产生的累积效应可能会使个体感到压抑,产生不良情绪(Lee, Son & Kim, 2016)。

作为社交网站使用给个体带来的一种压力体验,认知负载对个体的自我评价有着重要影响。认知负载能在社交网站使用对心理社会适应的影响中起到中介作用,核心自我评价能在认知负载等压力体验对抑郁的影响中起到中介作用。经历社交网站认知负载的个体会对自己产生消极评价,即核心自我评价水平降低,并诱发抑郁等不良情绪。青少年渴望与社交网站中的好友互动,但伴随认知负载而来的人际交往压力可能导致其在社交网站的互动中处于被动位置。在此基础上,个体会怀疑自身人际交往能力,影响其在社交中的表现,如产生退缩行为、难以给予好友支持性回应等,导致个体对自身的评价降低,产生社交焦虑、抑郁情绪。

2. 自我认同——生理方面

当儿童青少年思考一种经历或一个想法时,大脑会重现所有的知觉运动和内省状态,这些状态是在身体和大脑与物质世界互动时储存起来的。例如,抚摸一只猫时,大脑将捕捉到一个多模态表征:猫的样子和给人的感觉,爱抚的动作,以及猫享受或舒适的形态。当这些表征信息被记住后,再唤起抚摸猫的记忆时,大脑就会模拟真实世界中同样的场景,使人的身体重现执行真实活动时的体验。此外,定位动作,即身体如何以特定的方式与环境互动,也塑造了思维。而且,身体姿势与思考之间存在相关关系,这表明人类可以利用身体形态来解释经验。例如,卡通人物不知不觉地微笑或皱眉会影响卡通的幽默程度,或者摆出一副垂头丧气的姿势会让人产生无助感。

从健康的角度来看,虚拟化身可以帮助促进儿童青少年的身体再生。虚拟现实技术还可以提高孩子们的自我效能,通过让他们的虚拟身体看起来比他们的物理身体移动得更流畅,提高他们坚持锻炼的决心。有学者用虚拟现实测试了这一观点,并将其用于治疗儿科患者复杂的区域疼痛综合征。在虚拟现实(VR)中,儿童青少年通过三种虚拟化身完成了一项命中目标的任务:虚拟化身的身体动作与他们自己的相似;虚拟化身的肢体有更大的灵活性;虚拟化身的四肢运动发生了调换(即通过手臂的运动来控制虚拟化身的腿)。这也说明虚拟现实(VR)可以作为一个很有前景的康复工具。虚拟现实(VR)可以帮助自闭症谱系障碍儿童进行社交技能训练,让他们练习语言和非语言行为;虚拟化身可用于移情训练,允许儿童青少年扮演不同种族、性别、国籍或社会阶层的角色,并在那个人的生活中生活一天。有学者的研究表明,当参与者在虚拟世界中化身为一个长着由臀部运动控制的功能性尾巴的"人类"时,他们会感觉到尾巴同胳膊和腿一样是他们身体的一部分。

已有研究将虚拟现实(VR)作为疼痛转移工具,并证明了其可以让虚拟内容在儿童青少年看来是真实的。沉浸式虚拟现实技术可以减少儿童在癌症治疗、伤口护理和牙科治疗过程中身体和情感上的疼痛。在这些特定的虚拟环境中,孩子们将注意力更多的集中在虚拟身体中,从而忽略真实身体和它可能感受到的疼痛。虚拟现实将孩子们的注意力和心理活动从物理世界转移到沉浸式虚拟环境中,即使没有交互性,也可以使孩子逃避他们通常会经历的痛苦,能有效降低儿童青少年感受的疼痛程度。

此外，这种虚拟世界给儿童青少年的自我认知也带来了挑战。有学者在一项研究中让小学生们的虚拟化身和逆戟鲸一起游泳，结果表明，当小学生们看到这一场景时，他们会把其误认为是发生在现实生活中的。尽管以往的电视研究表明，孩子们在五岁时就能够把幻想和现实区分开来，但由于虚拟现实创造了一种被内容包围的错觉，模糊了现实生活和虚拟世界之间的界限，所以孩子们使用沉浸式虚拟现实技术时可能会很难区分虚构和现实。未来的研究需要调查这种虚拟化身为什么以及如何影响儿童自我认知的，以及什么年龄的儿童特别容易受到这种体验的影响。

3. 多重身份下的自我认同

首先，是虚拟之我与现实之我的双重变奏。打开看朋友圈，别人的生活往往呈现出有异于日常的光鲜或文艺的一面，朋友圈中的虚拟现实是如此富有吸引力，以至于有人觉得活得不如他人。其实，拿出来晒的往往不是日常人生，而是迎合了社交圈的期待打造出来的理想状态，这在一定程度上装饰着当事人的自我。有人说，朋友圈似乎是互联网最安定和谐的净土，有人晒加班，有人赞美工作有意义，问题是，我们不想被他人看见的那一面在哪里？

其次，是肉体之我与精神之我的暂时分离。伊格尔顿指出，"作为一种始终局部性的现象，身体完全符合后现代对大叙事的怀疑，以及实用主义具体事物的爱恋"。通过身体证明自己的身份和价值成为应对人生重负的选择，社交媒体中的身体过度消费现象非常普遍。对身体消费的关注程度如此之高，意味着自我认同的贫乏与单一，"颜值"一词的流行足以说明问题。颜值当道，刷脸的时代，我们不愿意让人看到内在的心灵与真实的想法，也没有太多耐心与兴趣去了解、评判一个人的综合价值。精神之"我"退隐，身体与情绪占据中心。有学者认为，青年群体毫无节制的自我展现其实是一种自恋，当前的自恋主义更多的不是一种自我欣赏，而是源于一种身份焦虑。因此，在那些社会身份定位尚不明确的年轻人身上，自恋主义表现得尤为明显。

最后，是异化之我与多面之我的纠缠。发布在微信朋友圈的内容是个体身份构建的一部分，反映出个人的价值取向，从而使个人小型社交圈变得社会化。当领导、同事、家人成为微信好友后，个体要么只发不痛不痒、无公害的内容，要么对朋友圈分组，根据不同对象提供不同的内容。如此一来，像微信这种社交平台既给我们提供了多样化的身份认同，同时也加大了自我分裂的可能性。新媒体技术与经济的变革构建了前所未有的社会互动网络，与之相伴随的困境则是身份危机的出现，这种危机主要表现为孤独、焦虑、不安及异化。也让我们看到了社交媒体时代,人与人之间的温情与信任是如何在围观过程中被伤害,在场的沟通转变为不在场的虚拟交流后,负面情绪更易累积、爆发。

儿童青少年热衷于借助微博、微信等社交平台进行自我呈现,在粉丝社群的讨论互动中完成对自我身份的想象,以此种种方式开发经营自身的公共形象。儿童青少年虚幻多变的自我身份就此形成,屏幕文化对儿童青少年的的自我认同从心理、生理两个方面均产生了影响。此外,在屏幕文化的背景下,儿童青少年的自我认同也呈现了虚拟之我与现实之我的双重变奏、肉体之我与精神之我的暂时分离以及异化之我与多面之我的纠缠的特点。

7.3 在屏幕江湖中建立社会认同

儿童青少年社会化的过程受到了屏幕文化发展所创造的虚拟世界的影响。在社会化的过程中,儿童青少年与虚拟世界中的角色进行互动,通过观察、模仿、内化从而习得某些行为。虚拟世界的多样性和不确定性,对儿童青少年的社会认同也带来了更加多彩多姿的变化。

7.3.1 社会认同的概念及内容

社会认同理论将"社会认同"定义为:"个体认识到他(或她)属于特定的社会群体,同时也认识到作为群体成员带给他的情感和价值意义。"不同学者在其学科视野之下对社会认同都有着自己的不同解读。塔菲尔和特纳提出"社会认同"是"同一个社会的成员共同拥有的信仰、价值和行动取向的集中体现,本质上是一种集体观念,它是团体增强内聚力的价值基础"。劳伦斯和贝利提出"社会认同"是"这样一些关系,诸如家庭纽带、个人社交圈、同业团体成员资格、阶层忠诚、社会地位等"。田沙莲香认为,认同是心理学中用来解释人格结合机制的概念,是维系人格和社会及文化之间互动的内在力量。王春光则将"社会认同"视为"对自我特性的一致性认可、对周围社会的信任和归属、对有关权威和权力的遵从等等"。张文宏、雷开春则认为对于社会认同的理解都是发生在个体对自我社会身份、特性的回答当中,社会认同指个体对其社会身份的主观确认。

自我认同回答了"我是谁"的哲学反思。社会认同涉及了"我是谁"或"我们是谁"、"我在哪里"或"我们在哪里"之类的反思性理解。塔菲尔对个体认同与社会认同进行了区分,认为个体认同是个体在时空上对自我同一的确认,是个体在与其他个体比较中所获得的自我概念;而社会认同是个体对自己处于一定社会群体、社会范畴的意识,是通过社会范畴或群体成员关系所获得的自我概念。个体认同与社会认同之间虽然有较大区别,但也不是完全割裂的。塔菲尔认为社会认同的核心内容是关于"我是谁"的认识以及在不同情境中应该如何去做。因此,社会认同首先是对群体成员的身份界定和群体文化的影响之下的"我是谁"的问题的认识,其次社会认同所形成的群体共识需要经过个体理解和内化才能对个体产生影响。在社会认同中个人所获得的对自己所在群体成员身份的认识,将直接影响个体的社会知觉、社会态度和社会行为,亦会影响其对于自我存在及价值的感知和认识。因此,个体认同和社会认同分别在人际关系和群际关系两个不同层面上回答了"我是谁"这样的哲学反思命题。

社会文化因素对社会认同具有形塑作用。社会认同发生于群际关系层面,侧重于在"社会的"背景下对各种行为和心理进行理解。人一出生就处于多元的社会力量之中,多元社会力量对行动者的行为进行着形塑,并形成多元的社会认同。社会认同过程是一个不断自我构建和自我重构的过程,这个连续不断变化的过程会受到各种社会文化因素的影响。社会文化是一个复杂的综合体,包括宗教信仰、风俗习惯、语言、价值观念等。这些社会文化因素通过传统观念深深地植根于社会意识之中,时刻改变和塑造着社会文化心理,影响着社会认同的形成。在具体的研究中,社会认同会被区分为身份认同、语言认同、族群认同和民族认同等不同方面,反映出浓厚的社会文化色彩。整体的社会认同内部需要依靠文化认同来连接和互相呼应。因此,社会文化认同是社会认同的核心内容,社会文化因素是影响社会认同的重要因素。

社会身份是形成社会认同的基础。Identity(身份)的动词形式是 identify,意为"辨认,鉴别",也就是把某人或某物从众多的人或物中辨认出来。因此 identity 便可解释为能够将个人与他人分辨开来的个体和社会特征,这些特征的集合即为一个人的"身份"。依据群体成员资格来建构的身份是社会身份,而依据个体的独特素质而建构起来的身份则为个人身份。个人身份利用个性把自己辨认出来,而社会身份则利用群体性把自己和他人分开。因此社会认同的参照系会产生微观、中观和宏观三个层面的标准。社会认同其实就是人们在社会生活的不同层面上建立自我概念的社会心理活动,即身份建构的过程。行动者在整个生命历程中会承载多元群体资格,故而建构出多元的社会认同。多元群体资格及相对应的多元社会认同在不同社会语境中具有不同的权重和价值,那么主导个体心理和行为的社会认同是依赖于某种群体资格而激活和凸现的。要全面理解社会行为,就必须研究人们如何建构和认同自己和他人的各种社会身份。因此,社会身份或群体资格是社会认同得以发生的基础。

7.3.2 在屏幕江湖建立社会认同

在虚拟世界中,儿童青少年的互动活动可以给他们带来个体成就感,构成社会认同的重要内容。比如,网络游戏承载了丰富的社会关系,通常需要依靠玩家之间的互动和合作,才能顺利完成任务。从网络游戏设置来看,玩家可以跟游戏中的所有其他玩家互动,也可以只与自己所在的团队中的玩家互动。互动对象的亲疏远近不同,可能导致玩家在游戏中有不同的互动行为,这些互动行为包括聊天交友、帮助与交换、合作与竞争等。例如,多数玩家都会加入血盟、公会等游戏团队,通过团队成员的相互合作,获取信息和装备,以保证游戏角色成长和等级提升。游戏团队在本质上是一个想象的共同体,经常参与共同体中的活动会给玩家带来具有实质性意义的社交和集体生活,形塑和提升玩家对团队的社会认同。此外,网络游戏中的社会互动有助于玩家了解和遵守网络游戏的规则和意义,借助规则完成角色任务,从而塑造社会认同。

影响儿童青少年社会认知的因素很多,包括主客观两方面的各种因素。一是认知对象本身的特点。它是指该对象对于认知者所具有的价值及其社会意义的大小。认知对象可以是某个个人、某个团体成员或具有社会意义的事物。由于认知者本身的经验、生活方式、文化背景、个人需求、性格和心理结构的不同,对同一个社会刺激会发生不同的认知结果。二是当时的情境。认知社会中他人行为的善恶与是非,总是离不开当时情境的分析,这种情况在我们日常生活中到处可见。三是逻辑推理的定势作用。社会心理学家认为,每个人的认知活动事先都有某种假设,并从这假设出发来看待当前的事物;人们在认知一些平时不太熟悉、接触不多的事物时,由于获得的信息少,缺乏必要的线索,常常将事物外部的一些表面特点作为认知的线索,加以逻辑推理,得出归因结论。以上几个因素都能影响人们的社会认知,事实上人们的认知活动并不是单个的因素单独地发生作用的,而往往是几种因素交织在一起共同对认知活动产生影响。只是在不同的情况下,某些因素的作用更大些,某些因素的作用可能小一些。

虚拟身体将身体模式映射到虚拟化身。一个人的虚拟身体可以创造出不同于物理身体的社会意义（情境和环境依赖），这表明虚拟身体可以改变个人身份和感知。在一项身临其境的虚拟现实研究中，参与者在虚拟世界中通过虚拟角色获得了社会认同，进而影响他们在现实世界中的行为。例如，在虚拟世界中拥有较高身材的人随后在现实世界中与较矮身材的人谈判时会表现得更加自信。

此外，虚拟现实还可以作为一个安全的环境，让儿童青少年在不产生重大社会反响的情况下锻炼自己的社会认知能力。例如，儿童青少年可以练习如何在另一个孩子受到欺凌时有效地对他进行帮助，而不必担心自己的干预会使情况变得更糟，或者自己也成为身体或言语虐待的受害者。

当前屏幕文化的发展呈井喷趋势，但整体来看，屏幕文化对于公共议题的关注与影响仍然十分有限。频繁关注公共事务的网民比例相对来说很低，屏幕文化所呈现出来的私语化特征非常突出，青年网民的微博、微信、QQ空间中充斥着大量闲言碎语，满足情感慰藉的同时却也削弱了屏幕文化的公共意义。

更让人忧虑的是，公共事务有时等同于对公众人物私生活的关注，严肃议题出现八卦猎奇走向。消费社会消解了严肃的事物和价值，让一切都以娱乐的方式呈现出来。不管是正能量还是负面消息，不管是政治、社会灾难还是明星八卦，一经传播都被等量齐观。各种转发、评论满天飞，事实本身及具体解决路径等变得都不重要。兴趣导向驱动下，社会新闻、娱乐休闲、保健养生、心灵鸡汤、段子笑话等获得了更多的传播和流通机会。表面上看，信息消费者似乎有了个人的选择权，但实质上减少或丧失了获得"应该知道的信息"的机会。媒介化生存时代，意义的传递应该比有趣有意思更为重要，长远来看，最终沉淀下来的一定是有价值的东西。

本章小结

虚拟世界与真实世界通过媒体而连接，儿童青少年也通过互联网形成了他们的屏幕江湖，他们有多重虚拟身份从而体验更为丰富虚拟社会、课堂和校园，获得对自我、与他人以及与社会的多样化关系。面对当下社会文化结构与文化精神认同的缺陷，以及社交、思维异化等问题，提高媒介素养、提升审美趣味成为每个青年网民必修的通识课。虚拟世界中的热点话题聚合青年诉求，引导青年群体形成公民正确身份认同和社会认同,传播正确的价值观,发挥积极的社会效应。虚拟世界的丰富性使得儿童青少年社会化的过程也不断丰富,在社会化的过程中,儿童青少年进行自我定位,并确证存在的意义。屏幕上的江湖所创造的虚拟世界使得儿童青少年寻求身份、追逐意义以获得自我确定性存在的方式发生了变化,最终影响了儿童青少年的自我认同和社会认同。

第 8 章

屏幕干预：从训练脑到增强脑

通过前面的几章的研究,我们已知屏幕文化环境业已成为无处不在的新的社会环境,伴随着儿童青少年的成长。已有有关学习与发展的研究表明,屏幕媒体经历了从单向、交互到沉浸的发展历程,正在逐步改变着儿童青少年的学习和生活方式。同时,前面几章的研究也表明媒体丰富的学习环境能够影响甚至改变儿童青少年脑的相关功能,如感知觉、注意力、记忆力、理解力等,并使之呈现增强或削弱的现象。基于此,本章将整理在教育领域利用屏幕媒体丰富的学习环境进行训练和增强儿童青少年脑的实验案例,分析已有的脑干预和脑增强的工具和方法,为接下来的脑干预研究提供理论及实践基础。

2007年,经济合作与发展组织(OECD)的《理解脑:新的学习科学的诞生》(Understanding the Brain: The Birth of a Learning Science)一书的问世,标志着一门新兴的学科——教育神经科学诞生。教育神经科学尝试通过整合认知神经科学、心理学和教育科学等领域,来探索有关学习认知的脑机制,并依据研究成果设计出更加有效的教与学,以指导与改善教育政策的制定。教育神经科学的出现,使我们可以根据人脑的发展规律来研究人的心智发展,进而研究教育的规律,成为教育研究的新范式,可以为教育政策的制定、教学和其他教育实践提供实证的科学基础(韦钰,2017)。人的发展是脑不断构建的过程,因此遵循客观的教育规律就必须研究清楚儿童青少年的脑智发育与提升规律,以使教育符合人才成长规律、促进人的全面发展。

当前,通过对大脑进行干预促进青少年儿童脑智发育的研究,多集中在神经科学(脑科学)领域、医学和心理学领域。研究的主要内容是针对先天的脑智发育和后天的脑损伤的残疾人,使用脑电图(EEG)、功能性核磁共振成像(fMRI)、正电子发射断层扫描(PET)、单分离和双分离任务实验等技术工具和方法对大脑进行诊断与研究,利用经颅脑刺激(transcranial brain stimulation,简称TBS)、深层大脑刺激(deep brain stimulation,简称DBS)、脑—机接口(brain computer interfaces,简称BCIs)以及神经干细胞治疗等手段对大脑进行干预,实现恢复大脑正常机能,达到大脑修复的目的。

随着教育神经科学的出现,一批研究教育神经科学的专家将认知神经科学、心理学和教育科学等进行整合,通过对人的大脑活动规律研究,来干预脑、训练脑、增强脑,以提升人的脑智发育水平,为教育中出现的各种学习问题提供预防机制与解决方案。

本章主要基于对儿童青少年认知机制及对技术干预作用机理的理解,从屏幕媒体角度梳理目前已有的干预、训练和增强脑的研究,为后续探索在教育中训练脑和增强脑的研究提供理论基础和实践参考。在教育领域,人们对脑的干预研究,从早期的通过教学设计进行脑的认知、抽象、移情、逻辑等干预,到交互式技术媒体的应用来干预脑和增强脑,再到沉浸式的媒体环境设计刺激脑、干预脑,最终达到增强脑的目的。

8.1 脑的可塑性

8.1.1 儿童青少年的脑智特征

1. 神奇的儿童青少年的脑

儿童与青少年期是智力发展的关键期,情绪智力发展的敏感期。这一时期的大脑形态变化较大,如皮层厚度、表面积、曲率变化等,变化的程度与智商高低密切相关。智商越高皮层变薄的速度越快,并呈现先变薄再变厚的发展趋势;高智力者皮层表面积更大,达到峰值后,变小的速率也更快(Posner, Rothbart, Sheese & Voelker, 2014)。这一时期的皮层下结构,如纹状体、苍白球和丘脑,与大脑皮层在结构和功能连接上亦发生显著变化,总体皮层下结构的体积增长滞后于大脑皮层,与额顶联合皮层的连接减弱,表现为青春期自我意识增强。此阶段,个体心理特征发生着显著变化,大脑神经元也在不断进行突触修剪和髓鞘化(Casey, Giedd & Thomas, 2000)。比如,出生两年后,婴儿的感知觉能力得到了迅速发展,其脑的重量也已达到成人脑重量的80%(Kretschmann, Kammradt, Krauthausen, Sauer & Wingert, 1986)。在几项以人类儿童和青少年时期大脑结构发展的MRI研究结论中,一致发现儿童期和青春期某些大脑区域的白质稳定增加。例如,在一项磁共振成像(MRI)研究中,有学者等对两组儿童青少年的大脑进行扫描,其中一组平均年龄为9岁的儿童,另一组平均年龄为14岁的青少年。研究发现两个年龄组大脑之间白质和灰质密度有明显差异,即年龄较大的儿童额叶皮层和顶叶皮质的白质体积较年轻组高,而较年轻的群体在同一地区的灰质体积较大。研究也表明儿童青少年的脑体积随着年龄的增长并没有显著变化,而皮层灰质体积随年龄增长遵循倒 U 形结构。在青春期前期,额叶中的灰质体积增加到峰值,男性约为 12 岁,女性约为 11 岁,同样顶叶灰质体积增加到峰值,男性约 12 岁和女性 10 岁,颞叶中的灰质则在 16 岁时到达峰值,随后是青春期后的衰退(Giedd et al.,1999)。

大量学者研究发现,儿童青少年的大脑发育与年龄、各种能力之间的关系如下:婴儿在 1 岁以前就已经具备视觉、听觉等感知能力并基本达到成人水平,而一些高级认知能力还在继续发育(李艳玮 & 李燕芳,2010)。例如,问题解决能力在儿童 5 岁左右才开始获得。研究也发现,不同认知能力的发展顺序与其对应的大脑皮层发育成熟的顺序具有一致性。如索维尔(Sowell)等(2003)绘制了 176 名健康被试各脑区皮层灰质密度随年龄的变化图,结果发现,从 7 岁到 60 岁的个体脑区灰质密度发生了明显变化,尤其是外侧和大脑两半球之间的背侧额叶和顶叶皮层联合区,其中视觉、听觉和边缘皮层等与个体基本感知功能对应的大脑皮层在个体早期就开始出现髓鞘化,而与语言能力对应的颞叶皮层后部开始髓鞘化的时间则相对较晚。高台(Gogtay)等(2004)也对个体认知能力发展与皮层发育成熟的关系进行了分析,他们采用结构磁共振扫描技术对 13 名年龄在 4 到 21 岁个体的大脑皮层发育进行了长达 8—10 年的追踪研究,并且每两年对被试扫描一次,结果发现:主要的感觉皮层先成熟,然后才是顶叶外侧及其他区域。即与基本功能(比如感觉、运动)相关的脑区(感觉和运动皮层成熟)最早成熟,然后是与空间导向、语言发展和注意相关的颞顶叶联合皮层,最后才是与执行功能、注意以及协调动作相关的前额叶和外侧颞叶皮层。

从上述研究可知,儿童青少年大脑发育确实有先后顺序,各脑区发育随着年龄的增长先后成熟。同时,各脑区对应控制的能力如感觉、认知等的发育成熟与脑区发育成熟的先后顺序具有一致性。例如,与感觉、知觉等基本生活技能相关的脑区发育成熟较早,而与决策、推理等高级认知活动相关的脑区发育成熟较晚。同时,这些发现为针对儿童青少年的大脑层面的干预提供了理论层面的支撑,即儿童青少年大脑发育在不同的年龄阶段先后顺序的不同,其对应能力发展程度亦有所差别。在实际脑智提升的干预中,可以针对这一特点进行相应的设计,遵循儿童青少年大脑发育的特征规律进行适当干预,以科学的手段不断挖掘大脑的潜力。

2. 脑干预的基础：大脑分区及功能发育特征

脑是感情、思考、生命得以维持的中枢。它控制和协调行为、身体内稳态（身体功能，例如心跳、血压、体温等）以及精神活动（例如认知、情感、记忆和学习）。Roger Wolcott Sperry通过"割裂脑"试验证实了大脑两半球功能性差异（Sperry，1968）。这个发现颠覆了人们对大脑的传统认知，第一次认识到人的脑是分工合作的，并非是一个功能总体。后续的科学家的实验研究，也证明了人脑功能是分区合作的，不同的脑区控制着不同的功能。例如，小脑负责调制其他脑区的输出。不管是和运动相关的输出还是和思维相关的输出，都可以使它们变得更加确定与精确。如在骑自行车过程中习得的肌肉协调性，是主要发生在小脑中的神经可塑性的一个例子（Kandel，Eric，Schwartz，James，Jessell & Thomas，2000）。人脑10%的体积和50%的神经元数目都包含在小脑中（Byrne & Dafny，1997）；脑皮质是位于前脑表面的一层灰质，它是脑器官最复杂和最新近的演化发展（Lull，Ferris，Parker，Angell，，Keller & Conklin，1922），控制嗅觉和空间记忆等。脑皮层包括隆起的皱褶，称为脑回（gyri），其间是凹进去的沟，称作脑沟。沟回皱褶增加了皮层的面积，使得灰质的总量增加，可以储存和处理更多的信息（Puelles，2001）；海马体位于大脑内侧皮层，海马体和一些复杂的活动有关，例如空间记忆和导航（Salas，Broglio & Rodríguez，2003）；皮层（cortex）分为两个主要功能区——运动皮层和感觉皮层（Hall & John，2011）。初级感觉区域包括枕叶的视觉皮层，颞叶和岛叶皮质部分的听觉皮层，以及顶叶的躯体感觉皮层。皮层的其余部分称为关联区域。这些区域接收来自感觉区域和大脑下部的输入，并参与感知，思考和决策的复杂认知过程（Tortora & Derrickson，2017）。额叶的主要功能是控制注意力、抽象思维、行为和问题解决能力（Freberg，2009；Kolb & Whishaw，2009）。枕叶是最小的叶，主要功能是视觉接收、视觉空间处理、运动和颜色识别（Freberg，2009；Kolb & Whishaw，2009）。颞叶控制听觉和视觉记忆，语言等（Freberg，2009）。

脑并不是简单地长大，而是经过了复杂的协同和一系列步骤，对于人类来说，新生儿的脑细胞总量要明显多于成人的（Purves，1985）。基因决定了脑的基本结构，也决定了脑如何处理经验。而经验对于调制突触联结网络是必要的，它包含了比基因组要多得多的发育信息。在某些区域，在发育关键时期是否有经验输入是决定性因素（Wiesel，1982）。在其他区域，经验的数量和质量很重要；例如，有证据表明在环境丰容的条件下成长的动物大脑皮质会更厚，表明它们比环境受限制的动物拥有更高的突触联结密度(Van Praag,Kempermann & Gage,2000)。这也表明人脑的发育并非完全由先天决定,后天的环境与经历也可对大脑发育产生影响。例如,研究表明人的大脑前额叶皮层与认知能力相关,儿童青少年脑的发展对社会认知和执行能力发生影响,这一时期也是大脑干预的最佳时期(Blakemore & Choudhury,2006)。如学习一种语言最初需要对构成语言的声音进行分类,突触修剪被认为是声音分类的基础。而新生婴儿能够区分所有语音,这是因为健全的组织是由婴儿出生后头12个月的声音决定的,当在头12个月以后,婴儿就无法区分他们未接触到的声音(Kuhl,2004;Werker,Gilbert,Humphrey & Tees,1981)。如果要对儿童声音分辨能力进行干预,显然婴儿出生后的前12个月是最佳干预时期。这些都表明儿童青少年时期大脑处于发育不完备时期,很多大脑功能具有可持续发展的潜力,而在发育期内可以找到干预的最佳时期。从儿童时期到青少年时期,人的大脑各部分的发育情况如下所示:

大脑的皮质白质(cortical white matter)从儿童期(0—9岁)到青春期(10—14岁)增加,尤其是额叶和顶叶皮质增加最明显(Blakemore,2012)。皮质灰质的发育,在额叶和顶叶中的灰质于12岁时达到峰值,对于女性而言,在颞叶中17年(颞上皮质最后成熟),并且在16—17岁时它们已经达到完全成熟,对于男性来说,他们在18岁时达到完全成熟。在灰质损失方面,感觉和运动区域首先成熟,其次是其他皮质区域(Blakemore,2012)。人类大脑持续发育至完全成熟大约在20岁(Johnson,Blum & Giedd,2009)至25岁(Arain et al.,2013)。

此外,右脑是祖先脑,人与生俱来的巨大能力都埋藏在右脑潜意识当中,右脑记忆速度及储存量是左脑的100万倍,右脑处理信息的速度比左脑快4倍,尽管右脑的记忆潜能如此惊人,但现实生活中95%的人,使用了自己的左脑,而右脑中97%的潜能未得到开发。因此,右脑的潜能开发,对于孩子的一生影响深远,其最佳开发年龄段为3至8岁。

8.1.2 儿童青少年脑的可塑性

"可塑性"的概念可追溯至美国心理学之父威廉·詹姆斯(Wiliam James)。他在《心理学原理》一书中将可塑性定义为"一种由经验引发的、具有一定稳定性的结构的产生。这种结构足以对某些意识活动产生影响,但是不能对所有意识活动产生影响。这意味着可塑性必然伴随着一种生物性结构的改变"。于是,詹姆斯首次将神经可塑性或脑的可塑性与经验或心理行为之间建立起了联系。比如,重复的动作练习会增加神经系统的可塑性,从而形成习惯。有学者指出学习训练和环境刺激等因素造成大脑神经元和突触发生形态学变化,宏观表现为大脑皮层厚度、灰质体积、白质纤维连接的强度和方向等发生变化。因此,脑的可塑性也被视为"大脑中蕴含的一种改变自身的巨大能力"(Austin, 2006),主要包括大脑结构、功能分布或特异性以及激活模式等变化。

受学习、训练以及经验等因素的影响,大脑皮层会出现结构的变化以及功能的重组,即出现所谓的可塑性,在儿童青少年时期,个体认知能力迅速提高,其中枢神经系统的可塑性也最强。例如,对处在青春期的女生进行为期三个月的视觉空间问题解决的计算机任务训练,并分别在练习前后对被试进行 MRI 扫描,研究结果发现这些被试在 BA6、BA22 和 B38 区域的大脑皮层增厚,这三个区域分别与运动、视觉、听觉和触觉多种信息有关(Haier, Karama, Leyba & Jung, 2009)。此外,音乐训练的实验研究也为大脑结构可塑性变化提供了佐证,在一项对 5 到 7 岁的儿童进行了长达四年的追踪研究中,发现接受音乐训练的儿童大脑感觉运动皮层和两侧枕叶皮层部分脑区的灰质体积显著大于没有接受音乐训练的控制组儿童(Schlaug, Norton, Overy & Winner, 2005)。这些研究都表明儿童青少年的脑具有可塑性,可以通过训练进行适当的干预。

8.2 训练脑的干预技术和方法

8.2.1 青少年儿童大脑干预途径——教学设计

当人们发现青少年儿童的大脑发育是有一定的规律时,人们认识到需要遵循这一规律来引导青少年儿童的发展以开发其大脑的潜力。在教育领域,儿童青少年大脑发育规律的发现,也为教师教学设计提供了依据。通过开发简单的干预工具,对学生的记忆力、思维能力、认知能力等进行增强训练,以增强教学效果,从而提高学生的学习成效。

1. 记忆力增强的教学设计

教育学家需要跳出框框思考,通过一些策略设计,方便学生记忆学习专业实践所必需的关键信息。将思维导图纳入评估策略和计划是一种促进学生理解关键信息的创新方法。思维导图有可能为学生提供保留信息、整合批判性思维和解决问题技能的策略(Noonan,2013)。思维导图最初是 20 世纪 60 年代英国人托尼巴赞(Tony Buzan)创造的一种笔记方法。托尼·巴赞认为:传统的草稿和笔记方法有埋没关键词、不易记忆、浪费时间和不能有效地刺激大脑四大不利之处,而简洁、效率和积极的个人参与对成功的笔记有至关重要的作用。在草稿和笔记的办法成效越来越小的情况下,需要一种可以不断增多回报的办法,这种办法就是思维导图(Buzan,1984)。而思维导图可以促进人们思维能力的释放,增强人们的记忆力,从而改变人们的生活和学习。在对六个班级(140 名 3 年级学生,年龄在 13 至 15 岁)进行视觉思维导图教学方法和传统教学方法对学生知识结构的质量和丰富程度以及学生的感知的影响的研究中发现,利用思维导图教学方法的班级学生在课堂结束后的即时课堂内容测验中,对课堂所学内容的描述认知结构更加广泛,主题有序、思想相互联系更丰富、记忆的内容更加全面而富有逻辑性(Dhindsa & Anderson,2011)。由此可看出,相较于传统的教学设计,基于思维导图的教学设计确实有助于加深学生对抽象的知识的理解,帮助学生知识的重构与联结,从而增强学生对所学知识的记忆。

2. 注意力增强的教学设计

在课堂教学中,教师通常会面临学生的注意力无法集中的困扰。尤其儿童青少年处于特定的年龄阶段,大脑发育不完善,神经系统兴奋和抑制过程发展不平衡,故而自制能力差,导致其注意力无法长期集中,这就使得其课堂学习的有效时间很短。要使儿童青少年长期集中注意力,就需要通过一定的外界刺激,延长大脑的注意力兴奋时间。注意力按照人的年龄发展也不同,如表 8-1 所示,3 岁的孩子其有意注意时间约为 3—5 分钟,4 岁的孩子其有意注意约为 10 分钟,5 至 6 岁孩子其有意注意约为 10—15 分钟,7 至 8 岁孩子其有意注意约为 15—20 分钟,9 至 10 岁的孩子其有意注意约为 20—25 分钟,11 至 13 岁孩子其有意注意约为 25—30 分钟,14 至 17 岁可达到 40 分钟。

表 8-1 儿童青少年有意注意时间

年龄段(岁)	3	4	5—6	7—8	9—10	11—13	14—17
时长(分钟)	3—5	10	10—15	15—20	20—25	25—30	40

根据这一特点,即便不使用媒体技术,教师通过一定的教学设计来克服儿童青少

年的注意力持续的问题。例如,在学生注意力即将下降之时,通过提高音量、提问、游戏和故事等环节,给学生大脑以突然的外界刺激,从而将学生注意力流失的边缘拉回,达到恢复和增强学生注意力的目的。在媒体技术出现的时候,最初是单向不可交互的媒体,如幻灯片、图片、音乐、电影等,通过媒体技术支持的教学设计,营造媒体丰富的环境,让知识变得生动丰富,让学生产生更加浓厚的兴趣,从而延长学生注意力停留的时间。

3. 创造力增强的教学设计

奥斯本(Osburn)和芒福德(Mumford)通过教学设计进行干预,以开发学生的创造性问题解决的能力。其研究方法如下:首先,样本选择。选取174名美国西南大学的本科生,其中男性79名,女性95名,且大多数处于大学二年级阶段;然后,智力测验。通过美国高中毕业生学术能力水平考试(Scholastic Aptitude Test,简称SAT)对所选被试的智力水平进行评估,发现他们比刚进入学校的本科学生得分高;然后,正式实验。被试被要求参与一个为期4小时的个人规划能力发展的训练。在开始的1.5小时内,参与者被要求完成一系列心理测量。除了填写背景信息表外,还要求参与者填写用于评估规划技能的清单以及可用于评估与获取和应用规划技能相关的个体差异的一系列措施。在接下来的2小时研究中,参与者被要求通过一个自定进度的教学计划。该教学计划为参与者提供了有关可能有助于有效应用渗透和预测技能的战略的信息。教学材料随机分配到每个参与者手中。教学材料的内容呈现复杂问题解决的场景,而参与者被要求承担学校的角色,制定新的教学方法或计划解决这些问题。这些教学计划的质量和原创性提供实验检测的标准,参与者要在半小时内完成教学计划的制定。结果显示培训策略和预测策略是刺激创造性思维的最佳干预手段。

8.2.2 技术丰富训练脑的方法

技术的不断发展,为人们对人脑的研究提供了工具支持,也间接促进了借助技术手段对儿童青少年大脑研究的深入。媒体技术的变化,使得其为学习所提供的支撑经历了单向、交互到沉浸的发展阶段,不同的技术对人类脑智发育产生不同的刺激和干预作用。研究表明,人在使用技术时,大脑是由不同的区域同时工作的,也就是说技术会以不同的方式刺激、使用大脑,表明技术有可能对大脑的开发具有作用。干预也从最初的声音、图片等单项技术媒体转向交互式计算机、电视、游戏等交互式技术媒体,再到虚拟现实、增强现实等环境沉浸式媒体,从"低级"执行功能到更"高级"的执行功能。

根据现有相关脑认知开发技术的研究成果,对已开放技术在教育领域的应用进行推演和界定,使之可以应用到对儿童青少年的学习过程进行解构和干预。例如,对神经心理学领域的相关技术进行推演,如功能性磁共振成像技术、脑电图及眼动技术,随时记录、分析儿童青少年行为与认知方面的变化状态,实现对大脑信息的解码、动态追踪以及特定学习过程中大脑的反应呈现,同时探究不同相关技术对青少年脑认知的影响效果及作用机制图谱。这些推演过程,一方面可以探索支持儿童青少年脑认知开发的相关技术及其作用机制;另一方面,可以对相关技术的干预效果进行验证,并对相关技术方法与手段进行改进,为后来的实践奠定扎实的理论方法与技术基础。

那么,是否能够通过技术手段或策略工具对大脑施加干预使个人的某些能力有所提高?以人的创造力为例,已有研究围绕个人的创造能力是否可以通过培训得到增强展开讨论,这些刺激或增加创造力的尝试主要是在学术环境中对儿童和青少年进行的研究。斯科特(Scott)等人(2004)对156项基于创造力培训的干预研究的回顾,使用内容分析法通过对认知过程、培训技术、媒体和练习类型四个方面来评估这些计划,结果发现:某些类型的培训,特别是创意制作和认知培训,证明特别有效;而一些常用的培训策略,特别是图像培训,证明效果较差。虽然大量研究表明有针对性的培训能够提高儿童的创造能力,但一些研究也表明,这种培训所产生的创造力收益并不能很好地转移应用到其他领域(Baer,2012)。

针对相关脑认知开发技术的作用策略,通过一些人工智能、可穿戴和大数据等技术的嵌套使用,洞悉学习者的思维动态,收集学生的脑动态过程,绘制技术作用于脑机制的图谱,实现对学习者进行定性或定量的学习成效与智力评估。进而面向不同的技术与儿童青少年群体,针对不同情景开发相应的技术,探究相应情境下的儿童青少年的脑认知发展策略。此外,在运用各种脑探测技术的同时,要进行不同的技术组合及使用,以探究技术作用于人脑的最优组合方式,进行技术对于不同儿童青少年大脑发育的增强效度研究。

8.2.3 儿童青少年脑智干预技术与方法

作为单向媒体功能的进阶——交互式媒体出现,与单向媒体不同的是,它开始让学习者有与之进行互动的全新体验。这种全新媒体体验是否对大脑发育产生新的影响?目前,已有学者借助交互式媒体,设计新的干预和训练脑的技术与方法,探究其对人脑的记忆力、注意力、抽象思维、创造力、认知等领域的影响。以下是三个针对记忆、注意力和逻辑思维能力的脑干预设计案例,其设计内容如下:

1. 最大化数字化学习过程中工作记忆的设计(Gutierrez, 2014)

工作记忆在我们的学习能力中起着关键作用。这是因为工作记忆是我们暂时存储信息的系统,因此我们可以操纵它来执行理解和推理等认知任务。它还有助于我们专注于任务,阻止分心,并理解一次进入我们大脑的多项输入。从本质上讲,工作记忆与我们日常学习过程中的信息过滤和信息加工的息息相关。如果工作内存过载,则不会进行有意义的学习。但是,如果学习者能够通过工作记忆有效地传递信息,那么学习者将获得其学习体验的最大化。在设计数字化学习过程中,如何使其工作记忆最大化进行有效学习?其策略就是要最大化工作记忆。

数字化学习过程中,对大脑的工作记忆进行训练,可以最大程度增强工作记忆的效能,延长有意义学习的时间,其策略为:首先概述材料并明确学习课程的学习目标,以构建电子教学体验;其次以复杂的顺序呈现内容,从简单的概念开始,以便构建更加困难和复杂的概念,给予工作记忆时间来吸收新信息;然后由于工作记忆内存的容量有限,因此将块信息转换为易于消化的部分,任何块中的记忆项目不超过3到5个;然后重新审视关键目标、关键主题和关键信息,以强化记忆保留;最后鼓励反思和元认知,将信息从工作记忆中转移到长期记忆中。

2. 基于游戏的注意力训练

注意力和专注力是帮助我们吸收、处理和记忆信息的关键技能。注意还可以帮助处理细节、理解书面文本及其隐藏的含义,搜索特定单词或术语。注意力练习增强了我们专注于关键信息的能力。在注意力方面,集中注意力是调动其他一切感官,抵制分心的最好办法。也许附近有背景噪音或谈话,饥饿的痛苦,周边视觉的干扰,所做的事情的想法,最近的谈话或在你脑海中仍然新鲜的事件都会成为分心原因,但注意力可以避免分心。

"古文字(Ancient Writing)"是一款由"快乐神经元(happy neturon)"公司设计开发的专门训练人的注意力的游戏。该公司已经运营12年,开发了大量的智力游戏,针对人脑的记忆力、注意力、语言能力、逻辑能力、视觉空间能力进行增强训练。

"古文字"游戏对注意力的训练规则为:比较古代文字(埃及,玛雅……)或其他书写系统(日语,泰语……),挑选不同的书写系统进行注意力训练(如图8-1所示)。在此训练过程中,保持密切关注画面中切换的字符变化至关重要。必须学会区分第一组字符并记住它们。从第二组字符开始,它的任务是确定第一组中不存在哪些字符,并把这些不存在的字符挑出来。

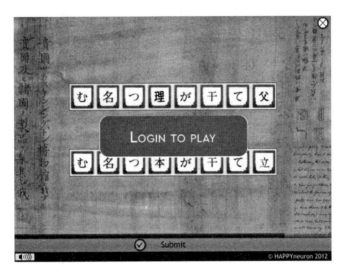

图8-1 "古文字"的游戏界面

除了视觉记忆,这个练习主要是刺激注意力,这是一种选择性地集中在环境的一个方面而忽略其他事物的认知过程。此外,这项任务将激发注意力和对角色形状的视觉分析。视觉扫描技能和注意细节的能力将受到训练。

3. 基于游戏的逻辑思维能力训练

"推理游戏(Reasoning games)"是快乐神经元公司推出的针对人脑的逻辑思维能力进行训练的系列游戏。挑战具有执行功能的游戏有助于培养逻辑能力、战略规划能力、问题解决能力和进行演绎推理等高度复杂的认知过程。除了塑造这些抽象过程之外,大脑的执行系统也是决策制定,识别错误,应对新情况以及在被判断为不合适时抑制习惯性反应所必需的。考虑到主要在前额叶皮层进行局部化,执行系统被神经心理学家比作管弦乐队的指挥,帮助指导和控制各种各样的心理过程。为了扩展这个比喻,执行功能训练为我们提供了保持大脑活动交响乐和谐的实践和排练。

"纽约篮球(Basketball in New York)"是推理游戏系列之一,是关于篮球和投篮的游戏,要遵循一定的规则,才能将篮球投入到网中。图8-2为该游戏的界面。

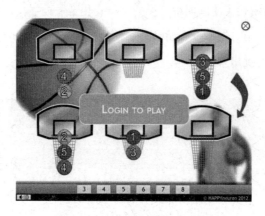

图8-2 "纽约篮球"游戏界面

控制运动的大脑区域位于具有执行功能的前额叶皮层。而解决问题的运动游戏,需要在大脑中规划自己的行动,制定下一步行动的策略并组织反馈信息。既可以在大脑中计算不必要的动作,同时也可以抑制错误动作的发生。由于环境可能无法预测,执行功能对于人类识别意外情况以及在异常事件发生时快速制定替代计划至关重要。通过干扰正常程序的发生,改变并执行替代计划来应对异常事件。通过这种方式,强化的执行功能有助于工作和学习的成功,并使人们能够轻松应对日常生活的压力。

技术的不断迭代进步,促使脑智干预技术不断升级,新的脑智干预工具出现——智能交互式媒体。随着交互媒体技术的不断迭代,学习者与屏幕媒体的交互对话更加具像化。交互媒体更加具备类人智能,可以主动记录学习者的行为甚至人类大脑的活动,并主动对这些行为数据进行分析,为学习者行为提供提升的建议。这些技术的进步,为儿童青少年的脑智干预提供了技术工具的可能性。事实上,已有不少研究者已经通过这些媒体技术,来进行对大脑的干预,对学习者的认知能力、注意力、记忆力等方面进行研究。

应用软件"挑战大脑(Brain Performance Challenge)"为我们展现了如何利用智能屏幕交互媒体用于干预大脑活动以提升大脑相关技能的研究方案。"挑战大脑"是美国德克萨斯大学脑智健康中心开发的一款款手机应用软件,用于记录大脑健康,提供提升学习者的战略能力(strategy skill)、逻辑推理能力(reasoning skill)和创新能力(innovation skill)的方法。图8-3为"挑战大脑"的APP操作界面。它能够记录使用者的当前的大脑健康状态,并为使用者的创新能力、战略能力、逻辑推理能力三种技能进行评估测量,提供提升这些技能的方法和锻炼这些技能的机会,并记录反馈这些技能提升的效果。

图8-3 "挑战大脑"游戏界面

技术的迭代,让依托交互式媒体技术的各种锻炼和增强大脑的工具与方法如游戏等不断被开发出来。例如,"Sharp Brains"(2018)提供50种顶级大脑训练游戏,用于语言、逻辑、数学、记忆和注意力等技能的提升。还有网络上开发的大量用于锻炼大脑的小工具,诸如填字游戏、单词搜索、拼图、国际象棋和脑筋急转弯等。在教育神经科学的研究技术进展上,主要以无创性脑成像技术为主。早期的脑成像技术主要包括可以提供高空间分辨率大脑活动信息的正电子发射断层成像技术(PET)、功能性磁共振成像技术(fMRI),以及可以提供时间分辨率大脑活动信息的脑电图(EEG)、脑磁图(MEG)和事件相关电位(ERP)等。近年出现的一种新的无创性脑成像方法,该技术目前主要指近红外光学成像技术(NIR-OT),并已经在儿童认知、语言习得、情绪、工作记忆等领域开始使用。

8.3 增强脑的干预环境

8.3.1 环境对青少年儿童脑可塑性的影响

巧妙的环境设计可以对人脑产生影响,进而形成对人脑的刺激,达到增强记忆、认知能力和自我认同等方面的作用。有学者对10名接受不同强度音乐训练的儿童在不规则弦音刺激下的大脑活动模式进行研究。他们将儿童分为没有接受过音乐训练的儿童组、接受中等强度音乐训练的儿童组和接受过度音乐训练的儿童组,结果发现:音乐训练与额叶岛盖和颞上回前部的脑区激活增强相关,即接受音乐训练的时间越长,对应额叶岛盖和颞上回前部的脑区激活越强。同时,他们还选取10名成人音乐家与10名成人非音乐家被试,分析他们在不规则弦音刺激下大脑活动模式的差异,发现音乐家在外侧额叶下部和右侧颞上回前部激活较之非音乐家要强,并且在儿童组被试也发现类似的结果,表明音乐训练确实造成了大脑活动模式的可塑性。这些实验表明,外界环境的刺激,确实能够增强相应脑区活动。例如,在通过外界环境刺激增强记忆方面,"记忆宫殿法"(The Memory Palace of Matteo Ricci)提出了以空间和位置为基础的记忆方法,达到超强的记忆力。记忆宫殿类似于自我浅度催眠,让该意识在大脑皮层留下较深的印象以达到记忆的目的。通过记忆宫殿之法增强记忆,其最首要的是选择一个非常熟悉的环境。该技巧的有效性取决于要在脑海中轻易地再现这个环境,并能够产生在其中漫步的能力,必须仅仅用精神的"眼睛"就能身临其境。对这个环境的细节的再现越鲜明,就能越有效地记忆(Spence, 1985)。

因此环境是需要特殊的设计才能真正起到增强脑的作用,进而促进学生的学习。从记忆宫殿可以看出,环境或虚拟环境的设计需要与学习者本人的经验和认知相联结。例如,在课堂干预方面,将大脑发展与教育联系起来的一个核心问题是,课堂干预能否以超出特定教学领域的方式改变与认知相关的神经网络。而虚拟现实技术(VR),可以在虚拟的世界中备份另一个真实的世界,并打造超越现实世界的环境设计,让使用者达到现实沉浸的效果。在虚拟现实的世界中,模拟各种现实中出现的场景,让大脑在虚拟现实环境中得到不断的重复训练,达到大脑功能的某方面的导正与增强,如移情能力、社会认知能力等。

8.3.2 增强脑的沉浸式环境

媒体技术的不断发展,从简单的交互开始进步到情景沉浸式环境的设计,虚拟现实技术扮演着关键角色。交互式媒体时代,各种虚拟游戏已经开始让使用者产生置身虚拟世界的交互式沉浸体验。但这种交互式沉浸的体验,需要使用者自身的主动联结,如强烈的兴趣等。这种沉浸式体验产生不易,一旦建立又容易造成过度沉浸的状态,如游戏成瘾。虚拟现实技术的出现,让这种沉浸式体验变得非常容易。在虚拟世界中,1∶1完整复制现实生活环境,实现了让使用者在虚拟环境犹如置身于生活真实世界,能够与自己的生活经验迅速联结,身处虚拟现实的环境中而毫无违和感,从而达到虚拟沉浸的效果。因此,虚拟现实技术用于对大脑的某些功能的训练,抹去了许多强制干预的痕迹,让人在沉浸的状态下实现大脑的增强。虚拟现实技术所展现的神奇体验,让人们对于虚拟现实技术应用于人脑的干预研究抱有更大的期待。虚拟现实技术也不负众望,在技术上不断进阶。

1. 虚拟现实2.0:脑机增强

现在,虚拟现实技术已经超越了视觉和声音,开发出了可以让用户触摸虚拟对象,感受风和温度的变化,甚至在VR中品尝食物的技术。在创建一个真正与现实别无二致的世界之前,需要离开虚拟现实时代,并进入一个全新的时代:神经现实时代。

神经现实是指,由跟人类大脑直接相关的技术所驱动的现实。传统的虚拟现实取决于用户对外部刺激的物理反应,例如,挥舞控制器以挥动屏幕上的虚拟剑刃,而神经现实系统则通过脑机接口(brain computer interface,简称BCI)直接与用户的生物对接。从定义上说,脑机接口就是研究如何用神经信号与外部机械直接交互的技术。脑机接口是人类大脑连接到机器的一种手段,它可以是侵入式(需要某种种植体)或非侵入式(依靠电极或其他外部技术来检测和引导脑信号)。侵入式的更精确,植入式电极相比于头皮贴片而言精确度高的多,可以编码更复杂的命令,比如三维运动。非植入式的更安全,所以接受程度高很多,如果面向健康人类开发产品,这可能是唯一选择。

专家们预测,脑机接口的进步将带来人类进化的新时代,因为这种设备有可能彻底改变人类治疗疾病、学习和沟通等的方式。简而言之,它们将彻底改变人类看待周围世界,以及与之交互的方式。事实上,一些公司已经在新兴的神经现实系统领域取得了创新成果。脑波科技(EyeMynd)公司于2013年由物理学家丹·库克(Dan Cook)创立,其目标是创建一个用户通过意念即可导航世界的虚拟现实系统,不需要会打破沉浸感的控制器。无论是玩游戏还是别的,当你身处虚拟现实中,你不会希望需要一直担心你的双手在做什么。纯脑电波控制会更好。这将是一种更令人满意的体验,并将实现更高程度的沉浸感。你可以忘记你的身体,只需关注你前面发生的事情即可。脑波科技的系统属于非侵入性类别,这意味着不需要用户进行任何类型的设备植入。

相反,用户只需佩戴头显(包括脑电波传感器)来跟踪他们的脑电波。当然,脑波科技不是唯一一家探索通过脑波检测外部技术来使 VR 体验更加无缝的公司,如社交网络巨头脸书都在致力于研发非侵入性设备,允许用户通过意念导航虚拟世界。

然而,正如音频技术初创企业"OSSIC"的技术总监乔伊·莱昂斯(Joy Lyons)在 2016 年的洛杉矶虚拟现实夏季博览会上所说的一样,无论多么先进,创建虚拟新现实环境的理想硬件不是外部头显,而是"大脑中的一块芯片"。目前看来,最有可能应用的场景是人体机能增进,例如,通过可穿戴设备或更先进的外在手段提高人体机能,特别是提供超过人体极限的那些性能:如以外骨骼的形式增强体力;人工耳蜗、应用程序优化或植入磁体监测电流等增强感知;以脑刺激或脑机接入提高注意力,等等。这一切对人体机能的增进都将从根本上改变学习的形态。

2. 意念中的世界

在 2017 年初,埃隆·马斯克创办了脑机接口公司"神经链(Neuralink)",其目标是开发出尖端技术,通过一系列植入电极把人类大脑与数字世界相连接。在马斯克宣布这一决定后不久,"大脑树(Braintree)"创始人布莱恩·约翰逊(Bryan Johnson)宣布了类似的决定,他投资了 1 亿美元来解锁人脑的力量,希望可以编程人类的神经代码。约翰逊的公司"Kernel"正在努力研发世界上第一个神经假体。马斯克预测,人类最终将能够创造出与现实别无二致的计算机模拟,如果这些大脑接口得以实现,它们可以作为人类体验这种模拟的平台,不仅可以看到逼真的数字世界,同时能触摸它,真正感受到它。

在一份关于"Neuralink"推出的详细报告中,蒂姆·厄本(Tim Urban)详细介绍了这一技术将给人类对现实的理解带来怎样的潜在影响。不再需要头显、手套或耳机等外部硬件来欺骗大脑并让其相信面前的虚拟环境是真实的存在,可以编程并触发大脑中认为体验就是现实的相同部分。厄本表示:"当然不需要屏幕,因为你可以在视觉皮层中显示一个虚拟屏幕。或者带着所有的感官步入一场虚拟现实电影。你几乎可以免费体验任何东西。"当人类在这个新现实中咬下一片"披萨"时,尝试真实披萨时所被刺激的大脑部分将会被触发,并提供一种仿佛是在吃披萨的感觉;当他/她站在虚拟大西洋的岸边时,这一相同的部分将会被触发,并提供在现实世界中呼吸海风时的感觉。现实世界和虚拟世界之间的区别将别无二致。对于所有意图和目的,差别将不复存在。

8.3.3 增强脑的学习环境案例

1. 基于游戏化虚拟现实环境的青少年社会认知训练

人工智能2.0、大数据技术等的发展，为学习者的深度分析、个性化学习、自适应学习带来了新的契机，学习环境逐渐呈现出从数字学习环境向智慧/智能学习环境的转变趋势。技术的不断演进，可以将现实世界1∶1模拟复制到虚拟世界中，创造出可以让人沉浸的虚拟现实环境。美国德克萨斯大学脑智健康中心（Center for BrainHealth）依托沉浸式媒体打造虚拟现实的游戏化环境"Charisma"，对青少年进行社会认知进行训练，以增强青少年儿童的社会认知能力（Charisma，2017）。

"Charisma"是脑智健康中心开发的一种基于游戏的学习环境，称为虚拟现实社会认知训练环境。这种训练环境主要针对在新的社交场合产生社交困难的青少年儿童，如在与人开始对话时产生恐惧心理，在他人合作合作进行社会问题解决过程中难以向他人表达积极情绪，患有自闭症、注意力缺陷多动障碍或学习延迟，面试紧张等场合。学生使用化身在虚拟世界中练习场景，并获得可在现实世界中应用的专家建议，建立适用于他们日常生活的社交技能。根据在脑智健康中心进行的研究，培训的每个阶段都会通过他们的教练为学生提供建议。图8-4为"Charisma"模拟的现实世界的社交场景，参与者选择要扮演的虚拟人物，在需要的虚拟现实场合，进行虚拟现实的情景的交流对话。

图8-4 Charisma虚拟现实的社交场景

社会认知训练计划有两部分,一是针对 8 岁以上 12 岁以下的儿童青少年,社会认知训练为期五周,每周 45 分钟;二是适合 12 岁及以上的参与者,为期一周的青少年强化训练,每周两小时。当参与者训练时间累计超过 1 小时时,参与者可获得 3 小时的强化助推训练。此外,在接受社会认知训练前和完成时,都需要接受社会认知训练的评估,获得个性化的评估报告与建议。"Charisma"基于以科学为基础的社会认知策略,鼓励以下训练活动:发起和保持对话;认识并应对社会压力情况;回应他人的喜好和兴趣;识别他人的想法、情感和意图;了解相互关系和互动的质量;和与权威人士进行交互。

在进行社会认知训练后,通过与耶鲁大学研究合作伙伴一起对参与者进行磁共振成像,结果显示儿童学习中心区域面积显示增加,社交大脑网络中的大脑被激活。图 8-5 为训练前后社会脑的活跃区域(图片及结论来自 Yang et. al, 2017)。

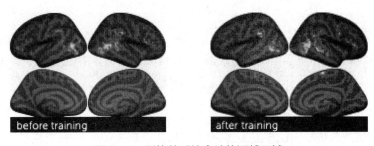

图 8-5　训练前后社会脑的活越区域

2. 基于虚拟现实工具的记忆唤醒训练(Walter, 2018)

一项新的研究表明,人们在使用虚拟现实等下一代工具学习时比使用标准计算机等传统选项学习了更多信息。马里兰大学的研究人员通过比较人们在虚拟沉浸式环境和在更传统的平台中进行学习的成效,发现如果信息在虚拟环境中呈现给他们,人们会更好地记住信息。这表明沉浸式环境可以为改善教育和高水平培训的成果提供新的途径。

在基于虚拟现实的记忆唤醒训练设计中,马里兰大学的研究人员使用了一种称为记忆宫殿或空间记忆编码的概念——参与者在虚拟现实创造的建筑物或城镇的虚拟空间中记忆所看到的物体及物品放置的物理位置,并通过回忆还原这些物体或物品位置。这种训练设计涉及了人类大脑在空间上的组织和空间记忆的能力。研究人员找到 40 名志愿者参与实验,其中大部分是马里兰大学的学生,且之前都未接触过虚拟现实。参与者分为 A、B 两组,A 组通过虚拟现实头戴式显示器查看信息,B 组为非虚拟现实组在台式计算机旁,以相反顺序查看信息。A、B 组都被要求熟悉林肯、施瓦辛格和梦露等知名人物面孔的印刷品。然后使用两个记忆宫殿格式的图画——华丽宫殿的内部空间和中世纪城镇的外部视图,向小组展示这些人面孔。两个小组有十分钟的时间,在每个记忆宫殿中可以待五分钟。其中 B 组参与者使用鼠标改变观察的视角,而 A 组头戴虚拟现实设备,通过头部的移动改变观察视角。然后两个小组都被要求要记住每个人物及其摆放位置。实验过程中,场景会空白两分钟,然后每个记忆宫殿再重新出现。然后要求参与者回忆每个人物面孔具体位置。图 8-6 为马里兰大学虚拟现实实验场景。

图 8-6　马里兰大学的虚拟现实记忆唤醒训练场景

实验结果显示,使用虚拟现实的实验小组所记住的人物数量及其摆放的位置的准确性都明显高于传统的非虚拟现实组,且 40% 的虚拟现实的实验小组成员的记忆召回能力比非虚拟现实组成员高出超过 10%。在研究后调查问卷中,40 名参与者都表示在实验过程他们都处于放松状态,虚拟现实组除了两名成员感到不适外,剩下的成员都表示虚拟现实的身临其境的"存在感"使他们能够更好地集中注意力。

本章小结

通过对已有的儿童青少年大脑研究的回顾,发现相对于成年人,儿童青少年的大脑发育不完全,且各功能区域发育有先后顺序,具有持续开发的潜力。儿童青少年的大脑具有可塑性,在大脑持续发育过程中,预留有外界干预的最佳时期,这为在教育中对儿童青少年的大脑干预提供了依据。在屏幕媒体环境中,已有研究应用媒体工具进行儿童青少年的大脑干预,来增强大脑某些功能,以提高学习的成效。文章梳理了从单向媒体到交互式媒体,再到沉浸式媒体的大脑干预案例,为以后利用媒体工具进行脑增强的进一步研究提供了参考。

参考文献

Ahn, S. J., Le, A. M. T. & Bailenson, J. (2013). The effect of embodied experiences on self-other merging, attitude, and helping behavior. *Media Psychology*, 16(1), 7-38.

Akyol, Z. & Garrison, D. R. (2011). Assessing metacognition in an online community of inquiry. *Internet and Higher Education*, 14, 183-190.

Alloway, T., Runac, R., Quershi, M. & Kemp, G. (2014). Is Facebook linked to selfishness? Investigating the relationships among social media use, empathy, and narcissism. *Social Networking*, 2014.

Almala, A. H. (2006). Applying the Principles of Constructivism to a Quality E-learning Environment. *Distance Learning*, 3(1), 33-41.

Al-Menayes, J. (2015). Social Media Use, Engagement and Addiction as Predictors of Academic Performance. *International Journal of Psychological Studies*, 7(4), 86-94.

American Academy of Pediatrics. (2016). American Academy of Pediatrics announces new recommendations for children's media use. news release, October, 21.

Ancient writing. (2012). Retrieved Nov, 09, 2018, from http://www.happy-neuron.com/brain-games/attention/ancient-writing

Anderson, D. R. & Subrahmanyam, K. (2017). Digital screen media and cognitive development. *Pediatrics*, 140(Supplement 2), S57-S61.

Anderson, D. R. & Hanson, K. G. (2010). From blooming, buzzing confusion to media literacy: the early development of television viewing. *Developmental Review*, 30(2), 239-255.

Anderson, E. S., Winett, R. A., Wojcik & J. R. (2007). Self-regulation, self-efficacy, outcome expectations, and social support. *Social cognitive theory and nutrition behavior*. 34(3): 304-312.

Arain, M., Haque, M., Johal, L., Mathur, P., Nel, W., Rais, A., ... & Sharma, S. (2013). Maturation of the adolescent brain. *Neuropsychiatric disease and treatment*, 9, 449.

Armstrong, G. B. & Chung, L. (2000). Background television and reading memory in context: Assessing TV interference and facilitative context effects on encoding versus retrieval processes. *Communication Research*, 27(3), 327-352.

Attewell, P. & Battle, J. (1999). Home computers and school performance. *The Information Society*, 15(1), 1-10.

Austin, J. (2006). Zen-brain reflections reviewing recent developments in meditation and states of consciousness. *European Journal of Neurology*, 14(5), e14-e14.

Aymerich-Franch, L., Kizilcec, R. F. & Bailenson, J. N. (2014). The relationship between virtual self similarity and social anxiety. *Frontiers in Human Neuroscience*, 8, 944.

Bachen, C. M. (1982). Television viewing behavior and the development of reading skills: survey evidence. *Correlation*, 49.

Baer, J. (2012). Domain specificity and the limits of creativity theory. *Journal of Creative Behavior*, 46(1), 16-29.

Bai, X. & Black, J. B. (2011). Enhancing intelligent tutoring systems with the agent paradigm. *Gaming & Simulations Concepts Methodologies Tools & Applications*.

Bannon, J. (2009). Development of higher order learning skills in online digital gaming. *Open Education Research*.

Barczyk, C. C. & Duncan, D. G. (2013). Facebook in higher education courses: An Analysis of students' attitudes, community of practice, and classroom community. *International Business and Management*, 6(1), 1-11.

Barr, R., Lauricella, A., Zack, E. & Calvert, S. L. (2010). Infant and early childhood exposure to adult-directed and child-directed television programming: relations with cognitive skills at age four. *Merrill-Palmer Quarterly*, 56(1), 21-48.

Baumgartner, S. E. & Sumter, S. R. (2017). Dealing with media distractions: an observational study of computer-based multitasking among children and adults in the Netherlands. Journal of Children and Media, 11(3), 295-313.

Bayne, T. (2004). *The bodies of learners*. Cambridge, MA: Harvard Publishing.

Beagles-Roos, J. & Gat, I. (1983). Specific impact of radio and television on children's story comprehension. *Journal of Educational Psychology*, 75, 128-137.

Becker, H. J. (1987). The impact of computer use on children's learning: what research has shown and what it has not. *Computer Assisted Instruction*, 1-88.

Bellissimo, N., Pencharz, P. B., Thomas, S. G. & Anderson, G. H. (2007). Effect of television viewing at mealtime on food intake after a glucose preload in boys. *Pediatric Research*, 61(6), 745.

Bel-Serrat, S., Mouratidou, T., Santaliestra-Pasías, A. M., Iacoviello, L., Kourides, Y. A., Marild, S. & Vanaelst, B. (2013). Clustering of multiple lifestyle behaviours and its association to cardiovascular risk factors in children: the IDEFICS study. *European journal of clinical nutrition*, 67(8), 848-854.

Belton, T. (2001). Television and imagination: an investigation of the medium's influence on children's story-making. *Media Culture & Society*, 23(6), 114-116.

Bennett, S., Maton, K. & Kervin, L. (2010). The 'digital natives' debate: a critical review of the evidence. *British Journal of Educational Technology*, 39(5), 775-786.

Blakemore, S. J. & Choudhury, S. (2006). Development of the adolescent brain:

implications for executive function and social cognition. *Journal of child psychology and psychiatry*, 47(3 – 4), 296 – 312.

Blakemore, S. J. (June 2012). Imaging brain development: the adolescent brain. *NeuroImage*, 61 (2), 397 – 406. doi: 10.1016/j. neuroimage. 2011. 11. 080. PMID 22178817

Blomfield Neira, C. & Barber, B. (2014). Social networking site use: linked to adolescents' social self-concept, self-esteem and depressed mood. *Australian Journal of Psychology*, 66(1), 56 – 64.

BMBF (2004) Nanotechnologie: Innovationen für die Welt von morgen, 2. Auflage. URL: http: //www. bmbf. de/pub/nanotechnologie_inno_fuer_die_welt_v_morgen. pdf

Bottino, R. M., Ferlino, L., Ott, M. & Tavella, M. (2007). Developing strategic and reasoning abilities with computer games at primary school level. *Computers & Education*, 49, 1272 – 1286.

Bott, N., Quintin, E. M., Saggar, M., Kienitz, E., Royalty, A., Hong, D. W. C., ... & Reiss, A. L. (2014). Creativity training enhances goal-directed attention and information processing. *Thinking Skills and Creativity*, 13, 120 – 128.

Bouffard, T. & Narciss, S. (2011). Benefits and risks of positive biases in self-evaluation of academic competence: Introduction. *International journal of educational research*, 4(50), 205 – 208.

Bower, M. (2008). Affordance analysis-matching learning tasks with learning technologies. *Educational Media International*, 45(1), 3 – 15.

Brain-performance-challenge(2018)Retrieved Nov, 29, 2018, from https: //itunes. apple. com/us/app/brain-performance-challenge/id1263522375? mt=8

Braithwaite, I., Stewart, A. W., Hancox, R. J., Beasley, R., Murphy, R., Mitchell, E. A. & ISAAC Phase Three Study Group. (2013). The worldwide association between television viewing and obesity in children and adolescents: cross sectional study. *PloS One*, 8(9), e74263.

Brasel, S. A. & Gips, J. (2011). Media multitasking behavior: concurrent television and computer usage. *Cyberpsychology Behavior & Social Networking*, 14(9), 527 – 534.

Brenner, J. & Smith, A. (2013). 72% of online adults are social networking site users. *Washington, DC: Pew Internet & American Life Project*.

Brown, A. (2011). Media use by children younger than 2 years. *Pediatrics*, 128(5), 1040 – 1045.

Brown, D. (2011). What aspects of vocabulary knowledge do textbooks give attention to?. *Language Teaching Research*, 15(1), 83 – 97.

Bruck, P. A., Motiwalla, L. & Foerster, F. (2012). Mobile Learning with Micro-content: A Framework and Evaluation. Bled e-Conference, 25.

Bruni, O., Sette, S., Fontanesi, L., Baiocco, R., Laghi, F. & Baumgartner, E.

(2015). Technology use and sleep quality in preadolescence and adolescence. *Journal of Clinical Sleep Medicine*, *11*(12), 1433–1441.

Buxton, O. M., Chang, A. M., Spilsbury, J. C., Bos, T., Emsellem, H. & Knutson, K. L. (2015). Sleep in the modern family: protective family routines for child and adolescent sleep. *Sleep health*, *1*(1), 15–27.

Buzan, T. (1984). *Make the most of your mind*. Simon and Schuster.

Buzan, T. & Buzan, B. (1996). *The mind map book: How to use radiant thinking to maximize your brain's untapped potential* (pp. 61–69). New York: Plume.

Byrne, J. H. & Dafny, N. (1997). Neuroscience online: An electronic textbook for the neurosciences. Department of Neurobiology and Anatomy, The University of Texas Medical School at Houston.

Cai, S., Chiang, F. K., Sun, Y., Lin, C. & Lee, J. J. (2016). Applications of augmented reality-based natural interactive learning in magnetic field instruction. *Interactive Learning Environments*, *25*(6), 1–14.

Carr, N. (2010). *What the Internet is doing to our brains-the Shallows*. Chapter 07: The Jugglers Brain, 132.

Carriere, J. S., Seli, P. & Smilek, D. (2013). Wandering in both mind and body: Individual differences in mind wandering and inattention predict fidgeting. Canadian Journal of Experimental *Psychology/Revue canadienne de psychologie expérimentale*, *67*(1), 19.

Casey, B. J., Giedd, J. N. & Thomas, K. M. (2000). Structural and functional brain development and its relation to cognitive development. *Biological Psychology*, *54*, 241–257.

Cespedes, E. M., Gillman, M. W., Kleinman, K., Rifas-Shiman, S. L., Redline, S. & Taveras, E. M. (2014). Television viewing, bedroom television, and sleep duration from infancy to mid-childhood. *Pediatrics*, peds-2013.

Chaffee, S. H. & Metzger, M. J. (2001). The end of mass communication? *Mass Communication & Society*, *4*(4), 365–379.

Chamberlin, D. (2007). Screen Culture. *Visual Communication Quarterly*, *14*(1), 34–41, DOI: 10.1080/15551390701361665.

Chan, T. W., Roschelle, J., Hsi, S., Kinshuk, K., Sharples, M. & Brown, T., et al. (2006). One-to-one technology-enhanced learning: an opportunity for global research collaboration. (Vol. 1, pp. 3–29).

Charisma. (2017). Re: Youth Social Cognition Training. Retrieved Nov, 16, 2018, from https://brainhealth.utdallas.edu/programs/charisma-social-cognition-training-for-youth/

Chassiakos, Y. L. R., Radesky, J., Christakis, D., Moreno, M. A. & Cross, C. (2016). Children and adolescents and digital media. *Pediatrics*, *138*(5), e20162593.

Cheng, G. (2009). Using game making pedagogy to facilitate student learning of interactive multimedia. *Australasian Journal of Educational Technology*, 2009(25), 2.

Chesley, N. (2014). Information and communication technology use, work intensification and employee strain and distress. *Work Employment & Society*, 28(4), 589–610.

Chiu, C.-M., Hsu, M.-H. & Wang, E. T. (2006), Understanding knowledge sharing in virtual communities: an integration of social capital and social cognitive theories, Decis. Support Syst. 42(3), 1872–1888.

Christensen, T. H. & Røpke, I. (2010). Can practice theory inspire studies of ICTs in everyday life. *Theorising Media and Practice*, 4, 233–256.

Christakis, D. A., Gilkerson, J., Richards, J. A., Zimmerman, F. J., Garrison, M. M., Xu, D., ... & Yapanel, U. (2009). Audible television and decreased adult words, infant vocalizations, and conversational turns: a population-based study. *Archives of Pediatrics & Adolescent Medicine*, 163(6), 554–558.

Civelek, T., Ucar, E., Ustunel, H., Aydin & M. K. (2014). Effects of A Haptic Augmented Simulation on K–12 Students' Achievement and Their Attitudes towards Physics. *Eurasia Journal of Mathematics, Science & Technology Education*, 10(6): 565–574.

Clapham & Maria, M. (1997). Ideational skills training: A key element in creativity training programs. *Creativity Research Journal*, 10(1), 33–44.

Cook, E., Teasley, S. D. & Ackerman, M. S. (2009). Contribution, commercialization & audience: Understanding participation in an online creative community. In Proceedings of the ACM 2009 international conference on supporting group work (GROUP'09) (pp. 41–50). doi: http://dx.doi.org/10.1145/1531674.1531681

Courage, M. L. (2018). Screen Media and the Youngest Viewers: Implications for Attention and Learning. *Cognitive Development in Digital Contexts*, 3–28.

Cox, R., Skouteris, H., Rutherford, L., Fuller-Tyszkiewicz, M., Dell, D. & Hardy, L. L. (2012). Television viewing, television content, food intake, physical activity and body mass index: a cross-sectional study of preschool children aged 2–6 years. *Health Promotion Journal of Australia*, 23(1), 58–62.

Crone, E. A. & Konijn, E. A. (2018). Media use and brain development during adolescence. *Nature Communications*, 9(1), 588.

Dabbagh, N. & Kitsantas, A. (2012). Personal learning environments, social media, and self-regulated learning: A Natural formula for connecting formal and informal learning. *The Internet and Higher Education*, 15(1), 3–8.

Daniel H. Kim. (1993). The Link between Individual and Organizational Learning. *Sloan Management Review*, 37–50.

Deci, E. L. & Ryan, R. M. (1985). *Intrinsic motivation and self-determination in human behavior*. New York, NY: Plenum.

Deci, E. L. & Ryan, R. M. (2000). The "what" and "why" of goal pursuits: Human needs and the self-determination of behavior. *Psychological Inquiry*, 11(4), 227 – 268.

Deci, E. L., Vallerand, R. J., Pelletier, L. G. & Ryan, R. M. (1991) Motivation and Education: The Self-Determination Perspective. *The Educational Psychologist*, 26, 325 – 346. http://dx.doi.org/10.1080/00461520.1991.9653137

Della Sofferenza, O. C. S. & Rotondo, S. G. (2006). Age-dependent association of exposure to television screen with children's urinary melatonin excretion. *Neuroendocrinology Letters*, 27(1 – 2), 73 – 80.

DeLoache, J. S., Chiong, C., Sherman, K., Islam, N., Vanderborght, M., Troseth, G. L., ... & O'Doherty, K. (2010). Do babies learn from baby media? *Psychological Science*, 21(11), 1570 – 1574.

Deng, L. & Tavares, N. (2013). From Moodle to Facebook: Exploring students' motivation and experiences in online communities. *Computers & Education*, 68, 167 – 176.

Desch, L. W. & Gaebler-Spira, D. (2008). Prescribing assistive-technology systems: focus on children with impaired communication. *Pediatrics*, 121(6), 1271 – 1280.

Dewey, J. (1938). *Experience and Education*. New York: Macmillan Publishing Company.

Dhindsa, H. S. & Anderson, O. R. (2011). Constructivist-visual mind map teaching approach and the quality of students' cognitive structures. *Journal of Science Education and Technology*, 20(2), 186 – 200.

Donelson, F. L. (1990). The development, testing, and use of a computer interface to evaluate an information processing model describing the rates of encoding and mental rotation in high school students of high and low spatial ability. *Academic Ability*, 88.

Donohue, S. E., Woldorff, M. G. & Mitroff, S. R. (2010). Video game players show more precise multisensory temporal processing abilities. *Attention Perception & Psychophysics*, 72(4), 1120.

Duggan, M., Ellison, N. B., Lampe, C., Lenhart, A. & Madden, M. (2015). Social media update 2014. Pew research center, 9.

Dux, P. E., Tombu, M. N., Harrison, S., Rogers, B. P., Tong, F. & Marois, R. (2009). Training improves multitasking performance by increasing the speed of information processing in human prefrontal cortex. Neuron, 63(1), 127 – 138.

Dyson, F. (2005). Wireless affections: Embodiment and emotions in new media/theory and art. *Convergence: the journal of research into new media technologies*, 11(4), 85 – 105.

Ennemoser, M. & Schneider, W. (2007). Relations of television viewing and reading: findings from a 4-year longitudinal study. *Journal of Educational Psychology*, 99(2), 349 – 368.

Erdogan, S. B., Bilgin, C., Turan, B. & Akin, A. (2009). Investigation of the Effect of

Playing Video Games on Visual Attention and Brain Hemodynamics with Functional Near Infrared Spectroscopy. *Biomedical Engineering Meeting*. IEEE.

Exelmans, L. & Van den Bulck, J. (2016). Bedtime mobile phone use and sleep in adults. *Social Science & Medicine*, 148, 93–101.

Faigley, L. (1986). Competing Theories of Process: A Critique and a Proposal. *College English*, 48, 527–542.

Felt, L. & Robb, M. (2016). Technology addiction: Concern, controversy, and finding balance. *Common Sense Media*.

Fenton, A. & Panay, N. (2013). Social media and health. *Climacteric*, 24(3), 538.

Fiese, B. H., Winter, M. A. & Botti, J. C. (2011). The abcs of family mealtimes: observational lessons for promoting healthy outcomes for children with persistent asthma. *Child Development*, 82(1), 133–145.

Fisch, S. M. (2004). *Children's learning from educational television: Sesame Street and beyond*. Mahwah, NJ, US: Lawrence Erlbaum Associates Publishers.

Fisch, S. M. (2014). *Children's learning from educational television: Sesame Street and beyond*. Lawrence Erlbaum Associates.

Fite, K. V. (1994). Television and the brain: a review. *Brain*, 1–31.

Freberg, L. (2009). *Discovering Biological Psychology*. Cengage Learning. pp. 44–46. ISBN 978–0547177793.

Fox, J., Bailenson, J. N. & Ricciardi, T. (2012). Physiological responses to virtual selves and virtual others. *Journal of CyberTherapy & Rehabilitation*, 5(1), 69–73.

Fugelstad, P., Dwyer, P., Filson Moses, J., Kim, J., Mannino, C. A., Terveen, L. & Snyder, M. (2012, February). What makes users rate (share, tag, edit…)?: predicting patterns of participation in online communities. In *Proceedings of the ACM 2012 conference on Computer Supported Cooperative Work* (pp. 969–978). ACM.

Gackenbach, J. (Ed.). (2011). *Psychology and the Internet: Intrapersonal, interpersonal, and transpersonal implications*. Elsevier.

Gaddy, G. D. (1986). Television's impact on high school achievement. *Public Opinion Quarterly*, 50(3), 340–359.

Garrison, M. M. & Christakis, D. A. (2012). The impact of a healthy media use intervention on sleep in preschool children. *Pediatrics*, peds–2011.

Gaševic, D., Joksimovic, S., Eagan, B. R. & Shaffer, D. W. (2019). SENS: Network analytics to combine social and cognitive perspectives of collaborative learning. *Computers in Human Behavior*, 92, 562–577.

Gauvain, M. & Munroe, R. L. (2009). Contributions of societal modernity to cognitive development: A comparison of four cultures. *Child Development*, 80(6), 1628–1642.

Gazzaley, A. & Rosen, L. D. (2016). The distracted mind: Ancient brains in a high-tech world. Mit Press.

Gentner, D. (2003). Why we're so smart. In D. Gentner & S. Goldin-Meadow (Eds.), *Language in mind: Advances in the study of language and thought* (pp. 195–235). Cambridge, MA: MIT Press.

Gibbons, J., Anderson, D. R., Smith, R., Field, D. E. & Fischer, C. (1986). Young children's recall and reconstruction of audio and audiovisual narratives. *Child Development*, 57, 1014–1023.

Giedd, J. N., Blumenthal, J., Jeffries, N. O., Castellanos, F. X., Liu, H., Zijdenbos, A., ... & Rapoport, J. L. (1999). Brain development during childhood and adolescence: a longitudinal MRI study. *Nature Neuroscience*, 2(10), 861–863.

Gilhooly, K. J., Fioratou, E., Anthony, S. H. & Wynn, V. (2007). Divergent thinking: Strategies and executive involvement in generating novel uses for familiar objects. *British Journal of Psychology*, 98(4), 611–625.

Gogtay, N., Giedd, J. N., Lusk, L., Hayashi, K. M., Greenstein, D., Vaituzis, A. C., ... & Thompson, P. M. (2004). Dynamic mapping of human cortical development during childhood through early adulthood. *Proceedings of the National Academy of Sciences of the United States of America*, 101(21), 8174–8179.

Gongsook, P., Hu, J., Bellotti, F. & Rauterberg, M. (2012). A virtual reality based time simulator game for children with ADHD. In *2nd International Conference on Applied and Theoretical Information Systems Research (ATISR), Taipei, Taiwan*.

Goodrich, S. A., Pempek, T. A. & Calvert, S. L. (2009). Formal production features of infant and toddler dvds. *Archives of Pediatrics & Adolescent Medicine*, 163(12), 1151.

Gortmaker, S. L., Must, A., Sobol, A. M., Peterson, K., Colditz, G. A. & Dietz, W. H. (1996). Television viewing as a cause of increasing obesity among children in the united states, 1986–1990. *Arch Pediatr Adolesc Med*, 150(4), 356–362.

Green, C. S. & Bavelier, D. (2010). Action-video-game experience alters the spatial resolution of vision. *Psychological Science*, 18(1), 88–94.

Green, C. S. & Bavelier, D. (2003). Action video game modifies visual selective attention. *Nature*, 423(6939), 534–537.

Green, D. M. & Swets, J. A. (1966). *Signal detection theory and psychophysics.: Signal detection theory and psychophysics/*. Robert E. Krieger.

Greenfield, P., Farrar, D. & Beagles-Roos, J. (1986). Is the medium the message? An experimental comparison of the effects of radio and television on imagination. *Journal of Applied Developmental Psychology*, 7(3), 201–218.

Greenfield, P. M. & Beagles-Roos, J. (1988). Radio vs. television: Their cognitive impact on children of different socioeconomic and ethnic groups. *Journal of Communication*, 38(2), 71–92.

Griffith, S. F., Hanson, K., Rolong-Arroyo, B. & Arnold, D. H. (2017). Promoting achievement in low-SES preschoolers with educational apps. *Presented at: Society for*

Research in Child Development 2017 *Biennial Meeting*, April 6 – 8, Austin, TX.

Grotzer, T. A., Tutwiler, M. S. & Dede, C. (2011). Helping Students Learn More Expert Framing of Complex Causal Dynamics in Ecosystems Using Eco MUVE. In: *National Association of Research in Science Teaching Conference*. Orlando, FL.

Gutierrez, K. (2014, Jul 22). Re: Designing e-Learning to Maximize the Working Memory. Retrieved Nov, 09, 2018, from https://www.shiftelearning.com/blog/bid/351491/Designing-eLearning-to-Maximize-the-Working-Memory

Haier, R. J., Karama, S., Leyba, L. & Jung, R. E. (2009). MRI assessment of cortical thickness and functional activity changes in adolescent girls following three months of practice on a visual-spatial task. *British Medical Council Research Notes*, 2, 174.

Haier, R., Siegel, B. V., Maclachlan, A., Soderling, E., Lottenberg, S. & Buchsbaum, M. S. (1992). Regional glucose metabolic changes after learning a complex visuospatial/motor task: a positron emission tomographic study. *Brain Research*, 570 (1 – 2), 134 – 143.

Hall, John (2011). Guyton and Hall Textbook of Medical Physiology (12th ed.). Philadelphia, PA: Saunders/Elsevier. ISBN 978 – 1 – 4160 – 4574 – 8.

Hammer, Jessica & Black, John. (2009). Games and (preparation for future) learning. *Educational Technology*, 49, págs. 29 – 34.

Hansen, N., Koudenburg, N., Hiersemann, R., Tellegen, P. J. & Postmes, T. (2012). Laptop usage affects abstract reasoning of children in the developing world. *Computers & Education*, 59(3), 989 – 1000.

Harrison, L. & Williams, T. (1986). Television and cognitive development. in T. M. Williams (Ed.), The impact of television: A natural experiment in three communities. (pp. 87 – 142). New York: Academic Press.

Hartnell-Young, E. & Vetere, F. (2008). A means of personalising learning: Incorporating old and new literacies in the curriculum with mobile phones. Curriculum journal, 19(4), 283 – 292.

Hasebrink, U., Jensen, K. B., Van den Bulck, H., Hölig, S. & Maeseele, P. (2015). Media Audiences | Changing Patterns of Media Use across Cultures: A Challenge for Longitudinal Research. International Journal of Communication, 9, 23.

Hayes, D. S., Kelly, S. B. & Mandel, M. (1986). Media differences in children's story synopses: Radio and television contrasted. *Journal of Educational Psychology*, 78(5), 341 – 346.

He, J. B., Liu, C. J., Guo, Y. Y. & Zhao, L. (2011). Deficits in early-stage face perception in excessive internet users. *Cyberpsychology Behavior & Social Networking*, 14(5), 303 – 308.

Heldal, I., Schroeder, R., Steed, A., Axelsson, A. S., Spant, M. & Widestrom, J. (2005). Immersiveness and symmetry in copresent scenarios. In *IEEE Proceedings. VR*

2005. *Virtual Reality*, 171–178.

Hendry, M. & Page, J. (2013). *Media, Technology and the Imagination*. Cambridge Scholars Pub.

Himmelweit, H., Oppenheim, A. & Vince, P. (1958). *Television and the child*. London: Oxford.

Hong, F. Y., Huang, D. H., Lin, H. Y. & Chiu, S. L. (2014). Analysis of the psychological traits, Facebook usage, and Facebook addiction model of Taiwanese university students. *Telematics and Informatics*, 31(4), 597–606.

Huhtamo, E. (2012). Screen tests: why do we need an archaeology of the screen?. *Cinema Journal*, 51.

Hurley, S. L. (1998). *Consciousness in Action. Consciousness in action*. Harvard University Press.

Hussein, H., Zainuddin, Z., Mellecker, R., Hu, X. & Chu, S. K. W. (2018). Iterative Process for Developing Digital Games for Adolescent Sexual Health Education in Low-Tech Environments. ASIS&T AP 2019 regional conference, Phnom Penh, Cambodia.

Huston A. C. & Wright J. C. (1983). *Children's Processing of Television: The Informative Functions of Formal Features*. In J. Bryant, D. R. Anderson (Eds.), Children's Understanding of Television: Research on Attention and Comprehension (pp. 35–68). New York: Academic Press.

Huston, A. C., Wright, J. C., Rice, M. L., Kerkman, D. & Al, E. (1990). Development of television viewing patterns in early childhood: a longitudinal investigation. *Developmental Psychology*, 26(3), 409–420.

Hysing, M., Pallesen, S., Stormark, K. M., Jakobsen, R., Lundervold, A. J. & Sivertsen, B. (2015). Sleep and use of electronic devices in adolescence: results from a large population-based study. *BMJ open*, 5(1), e006748.

Ivcevic, Z. & Ambady, N. (2013). Face to (face)book: the two faces of social behavior. *Journal of Personality*, 81, 290–301.

Jackson, L. A., Eye, A. V., Witt, E., Zhao, Y. & Fitzgerald, H. (2011). A longitudinal study of the effects of internet use and videogame playing on academic performance and the roles of gender, race and income in these relationships. *Computers in Human Behavior*, 27(1), 228–239.

Jamaludin, A. (2015). *Learning, Becoming, Embodying: A Review of Embodiment in an Era of Learning with Contemporary Media. New Media and Learning in the 21st Century*. Springer Singapore.

James, W. (1950). The principles of psychology. *American Journal of Psychology*, 2(4), 761.

Jempson, M. (2003, June). Children and Media-A Global Concern. In *preparado como contribución de "Child Rights and the Media: Asia Regional Workshop"*, Bangkok (pp.

24-25).

Jerome, L. Singer PhD & Dorothy G. Singer EdD. (1985). Television-viewing and family communication style as predictors of children's emotional behavior. *Journal of Children in Contemporary Society*, 17(4), 75-91.

Jong, E. D., Visscher, T. L. S., Hirasing, R. A., Heymans, M. W., Seidell, J. C. & Renders, C. M. (2013). Association between TV viewing, computer use and overweight, determinants and competing activities of screen time in 4- to 13-year-old children. *International Journal of Obesity*, 37(1), 47.

Johnson, J. G., Cohen, P., Kasen, S. & Brook, J. S. (2007). Extensive television viewing and the development of attention and learning difficulties during adolescence. *Archives of Pediatrics & Adolescent Medicine*, 161(5), 480-486.

Johnson, S. B., Blum, R. W. & Giedd, J. N. (2009). Adolescent maturity and the brain: the promise and pitfalls of neuroscience research in adolescent health policy. *Journal of Adolescent Health*, 45(3), 216-221.

Junco, R. (2012). The relationship between frequency of Facebook use, participation in Facebook activities, and student engagement. *Computers & Education*, 58(1), 162-171.

Jung, S. I., Lee, N. K., Kang, K. W., Kim, K. & Lee, D. Y. (2016). The effect of smartphone usage time on posture and respiratory function. *Journal of Physical Therapy Science*, 28(1), 186-189.

Kabali, H. K., Irigoyen, M. M., Nunez-Davis, R., Budacki, J. G., Mohanty, S. H., Leister, K. P. & Bonner, R. L. (2015). Exposure and use of mobile media devices by young children. *Pediatrics*, 136(6), 1044-1050.

Kafai, Y. B., Fields, D. A., Roque, R., Burke, W. Q. & Monroy-Hernandez, A. (2012). Collaborative agency in youth online and offline creative production in Scratch. *Research and Practice in Technology Enhanced*.

Kandel, E. R.; Schwartz, J. H.; Jessell, T. M. (2000). Principles of neural science. New York: McGraw-Hill. ISBN 978-0-8385-7701-1. OCLC 42073108.

Kaufman, G. & Flanagan, M. (2016, May). High-low split: Divergent cognitive construal levels triggered by digital and non-digital platforms. In *Proceedings of the 2016 CHI Conference on Human Factors in Computing Systems* (pp. 2773-2777). ACM.

Kearney, P. (2005). Cognitive Callisthenics: Do FPS computer games enhance the player's cognitive abilities?

Kim, B. (2015). The popularity of gamification in the mobile and social era. *Libr Technol Rep*, 51(2), 5-9.

Kirkorian, H. L., Choi, K. & Pempek, T. A. (2016). Toddlers' word learning from contingent and noncontingent video on touch screens. *Child development*, 87(2), 405-413.

Kirkorian, H. L. , Pempek, T. A. , Murphy, L. A. , Schmidt, M. E. & Anderson, D. R. (2009). The impact of background television on parent-child interaction. *Child development*, 80(5), 1350–1359.

Klein, J. D. , Brown, J. D. , Dykers, C. , Childers, K. W. , Oliveri, J. & Porter, C. (1993). Adolescents' risky behavior and mass media use. *Pediatrics*, 92(1), 24–31.

Koelsch, S. , Fritz, T. , Schulze, K. , Alsop, D. & Schlaug, G. (2005). Adults and children processing music: An fMRI study. *NeuroImage*, 25, 1068–1076.

Kolb, B. & Whishaw, I. (2009). *Fundamentals of Human Neuropsychology*. Macmillan. pp. 73–75. ISBN 978–0716795865.

Kondo, T. (2006). Educational Applications of Mixed Reality Technology and Current Issues. Technical report of IEICE, vol. 106, Institute of Electronics, Information and Communication Engineers, 45–50.

Konig, Hodel (2013). Application of Wikipedia in Preparatory History Course. In Notari et al. (Eds). Der Wiki-Wegs Lernens, National Taiwan Normal University, Taipei, 101–110.

Koolstra, C. M. , Van, D. V. , Tom H. A. , Van, D. K. & Leo, J. T. (2011). Television's impact on children's reading comprehension and decoding skills: a 3-year panel study. *Reading Research Quarterly*, 32(2), 128–152.

Kovachev, D. , Cao, Y. , Klamma, R. & Jarke, M. (2011, December). Learn-as-you-go: new ways of cloud-based micro-learning for the mobile web. In International Conference on Web-Based Learning (pp. 51–61). Springer, Berlin, Heidelberg.

Kramarski, B. & Dudai, V. (2009). Group-metacognitive support for online inquiry in mathematics with differential self-questioning. *Journal of Educational Computing Research*, 40(4), 377–404.

Kretschmann, H. J. , Kammradt, G. , Krauthausen, I. , Sauer, B. & Wingert, F. (1986). Brain growth in man. *Biliography Anatomy*, 28, 1–26.

Krois, J. M. , Rosengren, M. , Steidele, A. & Westerkamp, D. (2008). Embodiment in cognition and culture. Amsterdam: John Benjamins Publishing Company. Retrieved December 10, 2014, from http://scan.net.au/scan/journal/display.php?journal_id=91

Kross, E. , Verduyn, P. , Demiralp, E. , Park, J. , Lee, D. S. , Lin, N. , ... & Ybarra, O. (2013). Facebook use predicts declines in subjective well-being in young adults. *PloS One*, 8(8), e69841.

Kuhl, P. K. (2004). Early language acquisition: Cracking the speech code. *Nature Reviews Neuroscience*, 5, 831–843.

Lambic, D. (2016). Correlation between Facebook use for educational purposes and academic performance of students. *Computers in Human Behavior*, 61, 313–320.

Landhuis, C. E. , Poulton, R. , Welch, D. & Hancox, R. J. (2007). Does childhood television viewing lead to attention problems in adolescence? Results from a prospective longitudinal study. Pediatrics, 120(3), 532–537.

Laskowski, N. M. (1991). The house of make-believe: children's play and the developing imagination (book). *Library Journal*.

Lee, A. R., Son, S. M. & Kim, K. K. (2016). Information and communication technology overload and social networking service fatigue: A stress perspective. *Computers in Human Behavior*, 55, 51–61.

Lee, M. J. & McLoughlin, C. (2008, June). Harnessing the affordances of Web 2.0 and social software tools: Can we finally make "student-centered" learning a reality?. In *EdMedia + Innovate Learning* (pp. 3825–3834). Association for the Advancement of Computing in Education (AACE).

Lemish, D. & Rice, M. L. (1986). Television as a talking pieta a book: A prop for language acquisition. *Journal of Child Language*, 13(2), 251–274.

Lemola, S., Perkinson-Gloor, N., Brand, S., Dewald-Kaufmann, J. F. & Grob, A. (2015). Adolescents' electronic media use at night, sleep disturbance, and depressive symptoms in the smartphone age. *Journal of Youth and Adolescence*, 44(2), 405–418.

Lenhart, A., Duggan, M., Perrin, A., Stepler, R., Rainie, H. & Parker, K. (2015). *Teens, social media & technology overview 2015* (pp. 04–09). Pew Research Center [Internet & American Life Project].

Li, Kun-Hsien, Lou, Shi-Jer, Tsai, Huei-Yin & Shih, Ru-Chu. (2012). The effects of applying game-based learning to webcam motion sensor games for autistic students' sensory integration training. *Turkish Online Journal of Educational Technology-TOJET*, 11(4), 451–459.

Linden Lab. (2014). Linden Lab is developing the next-generation virtual world. Retrieved July 11, 2014, From http://www.lindenlab.com/releases/linden-lab-is-developing-the-next-generationvirtual-world.

Lindsay Friedman. (2016). Digital Media May Be Hindering Your Ability to Think Abstractly, Study Says.

Link, S. (2013). Self-Determination Theory. Research Starters: Education (Online Edition), 2013.

Lin, L. Y., Sidani, J. E., Shensa, A., Radovic, A., Miller, E., Colditz, J. B., ... & Primack, B. A. (2016). Association between social media use and depression among US young adults. *Depression and Anxiety*, 33(4), 323–331.

Li, R., Polat, U., Makous, W. & Bavelier, D. (2009). Enhancing the contrast sensitivity function through action video game training. *Nature neuroscience*, 12(5), 549–551.

Liu, Y. & Gu, X. (2019). Media multitasking, attention, and comprehension: a deep investigation into fragmented reading. Educational Technology Research and Development, 1–21.

Li, X., Chu, S. K. W. & Ki, W. W. (2014). The effects of a wiki-based collaborative process writing pedagogy on writing ability and attitudes among upper primary school students in Mainland China (pp. 151 – 169). *Computers and Education* (77). http://dx.doi.org/10.1016/j.compedu.2014.04.019

Li, X., Chu, S. K. W., Ki, W. W. & Woo, M. (2012). Using a wiki-based collaborative process writing pedagogy to facilitate collaborative writing among Chinese primary school students. *Australasian Journal of Educational Technology*, 28(1). http://www.ascilite.org.au/ajet/ajet28/li.html

Li, X. & Chu, S. K. W. (2018). Using design-based research methodology to develop a pedagogy for teaching and learning of Chinese writing with wiki among Chinese upper primary school students. *Computers & Education*, 126, 359 – 375. https://doi.org/10.1016/j.compedu.2018.06.009

Loprinzi, P. D. & Davis, R. E. (2016). Secular trends in parent-reported television viewing among children in the united states, 2001 – 2012. *Child Care Health & Development*, 42(2), 288 – 291.

Lull, R. S., Ferris, H. B., Parker, G. H., Angell, J. R., Keller, A. G. & Conklin, E. G. (1922). The Evolution of Man: A Series of Lectures Delivered Before the Yale Chapter of the Sigma Xi During the Academic Year 1921 – 1922. Yale University Press.

Maccoby, E. E. & Wilson, W. C. (1957). Identification and observational learning from films. *Journal of Abnormal Psychology*, 55(1), 76 – 87.

Malinen, S. (2015). Understanding user participation in online communities: A systematic literature review of empirical studies. *Computers in Human Behavior*, 46, 228 – 238.

Maier, C., Laumer, S., Eckhardt, A. & Weitzel, T. (2015). Giving too much social support: social overload on social networking sites. *European Journal of Information Systems*, 24(5), 447 – 464.

Martins, N. & Harrison, K. (2012). Racial and gender differences in the relationship between children's television use and self-esteem: A longitudinal panel study. *Communication Research*, 39(3), 338 – 357.

Matthews, J. C. (1998). Somatic Knowing and Education. *Educational Forum*, 62(3).

Media, C. O. C. A. (2016). Media and young minds. *Pediatrics*, 138(5), e20162591.

Mazman, S. G. & Usluel, Y. K. (2010). Modeling educational usage of Facebook. *Computers & Education*, 55(2), 444 – 453.

McDaniel, B. T. & Radesky, J. S. (2018). Technoference: Parent distraction with technology and associations with child behavior problems. *Child development*, 89(1), 100 – 109.

McFarlane, A., Sparrowhawk, A. & Heald, Y. (2002). Report on the educational use of games. Teem Teachers Evaluating Educational Multimedia (Sept).

Mcluhan, M. (1994). *Understanding Media*. The MIT Press.

Mendelsohn, A. L., Brockmeyer, C. A., Dreyer, B. P., Fierman, A. H., Berkule-Silberman, S. B. & Tomopoulos, S. (2010). Do verbal interactions with infants during electronic media exposure mitigate adverse impacts on their language development as toddlers? *Infant & Child Development*, 19(6), 577–593.

Merleau-Ponty, M. (2013). Phenomenology of perception. Routledge.

Mete, A. & Eunbae, L.. (2018). Using facebook groups to support social presence in online learning. *Distance Education*, 1–19.

Michael, Tobin. (2015). Fragmented Learning: Educating the Next Generation. Retrieved From https://www.linkedin.com/pulse/fragmented-learning-educating-next-generation-michael-tobin-obe

Milligan, C., Littlejohn, A. & Margaryan, A. (2013). Patterns of engagement in connectivist MOOCs. *MERLOT Journal of Online Learning and Teaching*, 9(2).

Miller, N. E. & Dollard, J. (1941). *Social Learning and Imitation*. New Haven: Yale University Press.

Miyosawa, T., Akahane M., Hara K. & Shinohara, K. (2012). Applying Augmented Reality to E-Learning for Foreign Language Study and its Evaluation. http://worldcomp-proceedings.com/proc/p2012/EEE3387.pdf

Monsell, S. (2003). Task switching. *Trends in cognitive sciences*, 7(3), 134–140.

Moreno, M. A., Jelenchick, L., Koff, R. & Eickhoff, J. (2012). Depression and internet use among older adolescents: an experience sampling approach. *Psychology*, 3(09), 743.

Moreno, M. A., Kota, R., Schoohs, S. & Whitehill, J. M. (2013). The Facebook influence model: A concept mapping approach. *Cyberpsychology, Behavior, and Social Networking*, 16(7), 504–511.

Moreno, M. A., Parks, M. R., Zimmerman, F. J., Brito, T. E. & Christakis, D. A. (2009). Display of health risk behaviors on MySpace by adolescents: prevalence and associations. *Archives of Pediatrics & Adolescent Medicine*, 163(1), 27–34.

Muhlstein, E. A. & Croft, D. J. (1986). Using the microcomputer to enhance language experiences and the development of cooperative play among preschool children. *Child Development*, 33.

Murphy, E. & Rodríguez Manzanares, M. A. (2008). Instant messaging in a context of virtual schooling: balancing the affordances and challenges. *Educational Media International*, 45(1), 47–58.

Murray, J. P. (2007). *TV violence: research and controversy*. In: Pecora, N., Murray, J. P., Wartella, E., eds. Children and Television: Fifty Years of Research. Mahwah, NJ: Erlbaum, 183–204.

Nathanson, A. I., Aladé, F., Sharp, M. L., Rasmussen, E. E. & Christy, K. (2014). The relation between television exposure and executive function among preschoolers.

Developmental Psychology, 50(5),1497-1506.

Nathanson, A. I., Sharp, M. L., Aladé, F., Rasmussen, E. E. & Christy, K. (2013). The relation between television exposure and theory of mind among preschoolers. *Journal of Communication*, 63(6),1088-1108.

Nikken, P. & Schols, M. (2015). How and why parents guide the media use of young children. *Journal of child and family studies*, 24(11), 3423-3435.

Noonan, M. (2013). Mind maps: Enhancing midwifery education. *Nurse education today*, 33(8),847-852.

Odom, S. L., Thompson, J. L., Hedges, S., Boyd, B. A., Dykstra, J. R., Duda, M. A., ... & Bord, A. (2015). Technology-aided interventions and instruction for adolescents with autism spectrum disorder. *Journal of autism and developmental disorders*, 45(12),3805-3819.

Okagaki, L. & Frensch, P. A. (1994). Effects of video game playing on measures of spatial performance: gender effects in late adolescence. *Journal of Applied Developmental Psychology*, 15(1),33-58.

Ophir, E., Nass, C. & Wagner, A. D. (2009). Cognitive control in media multitaskers. *Proceedings of the National Academy of Sciences*, 106(37),15583-15587.

Ozturk, E. & Deryakulu, D. (2011). The Effect of Type of Computer Mediated Communication Tools on Social and Cognitive Presence in Online Learning Community. *Journal of Education*, 41,349-359.

Pempek, T. A., Kirkorian, H. L. & Anderson, D. R. (2014). The effects of background television on the quantity and quality of child-directed speech by parents. *Journal of Children & Media*, 8(3),211-222.

Perse, E. M. (2001). Media effects and society. *Routledge*.

Pirnay-Dummer, P., Ifenthaler, D. & Seel, N. M. (2012). Designing model-based learning environments to support mental models for learning. *Theoretical foundations of learning environments*, 2,66-94.

Pool, M. M., Koolstra, C. M. & Van der Voort, T. H. (2003). The impact of background radio and television on high school students' homework performance. *Journal of Communication*, 53(1),74-87.

Posner, M. I., Rothbart, M. K., Sheese, B. E. & Voelker, P. (2014). Developing attention: behavioral and brain mechanisms. *Advances in Neuroscience*, 2014,1-9.

Preston, S. (2007). A perception-action model for empathy. In T. Farrow & P. Woodruff (Eds.), *Empathy in mental illness* (pp. 428-447). Cambridge University Press.

Preston, S. & de Waal, F. (2002). Empathy: Its ultimate and proximate bases. *Behavioral and Brain Sciences*, 25,1-20.

Priatna, N., Martadiputra, B. A. P. & Wibisono, Y. (2018, May). Developing geogebra-assisted reciprocal teaching strategy to improve junior high school students' abstraction ability, lateral thinking and mathematical persistence. *Journal of Physics: Conference Series*, *1013*(1), 5–18.

Proctor, M. H., Moore, L. L., Gao, D., Cupples, L. A., Bradlee, M. L., Hood, M. Y. & Ellison, R. C. (2003). Television viewing and change in body fat from preschool to early adolescence: The Framingham Children's Study. *International journal of obesity*, *27*(7), 827.

Puelles, L. (2001). Thoughts on the development, structure and evolution of the mammalian and avian telencephalic pallium. *Philosophical Transactions of the Royal Society of London. Series B: Biological Sciences*, 356(1414), 1583–1598.

Purves, D. (1985). *Principles of neural development*. Sinauer Associates Incorporated.

Radesky, J. S., Kistin, C. J., Zuckerman, B., Nitzberg, K., Gross, J., Kaplan-Sanoff, M., ... & Silverstein, M. (2014). Patterns of mobile device use by caregivers and children during meals in fast food restaurants. *Pediatrics*, *133*(4), 843–849.

Radesky, J. S., Miller, A. L., Rosenblum, K. L., Appugliese, D., Kaciroti, N. & Lumeng, J. C. (2015). Maternal mobile device use during a structured parent-child interaction task. *Academic pediatrics*, *15*(2), 238–244.

Rambe, P. (2017). Social media marketing and business competitiveness: evidence from South African tourism SMMEs. *Problems and Perspectives in Management*, *15*(2 (c. 2)), 411–423.

Ramos, R. A., Ferguson, C. J., Frailing, K. & Romeroramirez, M. (2013). Comfortably numb or just yet another movie? media violence exposure does not reduce viewer empathy for victims of real violence among primarily hispanic viewers. *Psychology of Popular Media Culture*, *2*(1), 2.

Reis, R. C. D., Isotani, S., Rodriguez, C. L., Lyra, K. T., Jaques, P. A. & Bittencourt, I. I. (2018). Affective states in computer-supported collaborative learning: Studying the past to drive the future. *Computers & Education*, *120*, 29–50.

Rice, M. L. & Woodsmall, L. (1988). Lessons from television: Children's word learning when viewing. *Child development*, 420–429.

Richards, D. & Taylor, M. (2015). A comparison of learning gains when using a 2d simulation tool versus a 3d virtual world: an experiment to find the right representation involving the marginal value theorem. *Computers & Education*, *86*, 157–171.

Richert, R. A., Robb, M. B., Fender, J. G. & Wartella, E. (2010). Word learning from baby videos. *Archives of Pediatrics & Adolescent Medicine*, *164*(5), 432–437.

Rideout, V. (2013). *Zero to Eight: Children's Media Use in America*. San Francisco, CA: Common Sense Media.

Rideout, V. J., Foehr, U. G. & Roberts, D. F. (2010). Generationm 2: Media in the lives of 8- to 18-year-olds. *Henry J. Kaiser Family Foundation*.

Ritchie, D., Price, V. & Roberts, D. F. (1987). Television, reading, and reading achievement: A reappraisal. *Communication Research*, 14. 292–315.

Robinson TN. (1999). Reducing children's television viewing to prevent obesity: a randomized controlled trial. *Jama*, 282(16), 1561–1567.

Roseberry, S., Hirshpasek, K. & Golinkoff, R. M. (2014). Skype me! socially contingent interactions help toddlers learn language. *Child Development*, 85(3), 956.

Rosen, L. (2012). *iDisorder: Understanding our obsession with technology and overcoming its hold on us*. New York, NY. Palgrave Macmillan.

Rosen, L. D., Carrier, L. M. & Cheever, N. A. (2013). Facebook and texting made me do it: Media-induced task-switching while studying. *Computers in Human Behavior*, 29(3), 948–958.

Rothbart, M. K. & Posner, M. I. (2015). Temperament, attention, and developmental psychopathology. *Developmental Psychopathology: Volume Two: Developmental Neuroscience*, 465–501.

Rothbart, M. K. & Posner, M. I. (2015). The developing brain in a multitasking world. *Developmental Review*, 35, 42–63.

Ryan, R. M. & Deci, E. L. (2000). Self-determination theory and the facilitation of intrinsic motivation, social development, and well-being. *American Psychologist*, 55(1), 68.

Salas, C., Broglio, C. & Rodríguez, F. (2003). Evolution of forebrain and spatial cognition in vertebrates: conservation across diversity. *Brain, Behavior and Evolution*, 62(2), 72–82.

Salomon, G. & Shavit, R. (1986). The role of mindfulness in televiewing and reading: A case of bi-directional causality. Unpublished manuscript.

Scardamalia, M. & Bereiter, C. (1994). Computer support for knowledge-building communities. *Journal of the Learning Sciences*, 3, 265–283.

Schlaug, G., Norton, A., Overy, K. & Winner, E. (2005). Effects of Music Training on the Child's Brain and Cognitive Development. *Annals New York Acadwmy of Science*, 1060, 219–230.

Schmidt, M. E., Pempek, T. A., Kirkorian, H. L., Lund, A. F. & Anderson, D. R. (2008). The effects of background television on the toy play behavior of very young children. *Child Development*, 79(4), 1137–1151.

Schramm, W., Lyle, J. & Parker, E. B. (1961). Television in the lives of our children. Stanford: Stanford University Press.

Schwartz, D. L., Blair, K. P., Biswas, G., Leelawong, K. & Davis, J. (2007). Animations of thought: Interactivity in the teachable agent paradigm. *Learning with Animation: Research and Implications for Design*, 114–140.

Scratchwiki, 2019. https://en.scratch-wiki.info/wiki/Scratch_1.4_Source_Code

Shaffer, D. W. (2006). *How computer games help children learn*. Palgrave Macmillan.

Sharp Brains(2018). Re: Top Brain Teasers, Games and Illusions, for Teens and Adults of Any Age. Retrieved Nov, 29, 2018, from https://sharpbrains.com/brainteasers/

Shoemaker, M. (2013). Technology as an intervention for visual-motor coordination in Hispanic Children with Autism. *Adler School of Professional Psychology*.

Singer, B. D. G. & Singer, J. L. (1981). Television, imagination, and aggression: a study of preschoolers. *Electrophoresis*, 17(8), 1299–1301.

Singer, D. G. & Singer, J. L. (1992). The house of make-believe: children's play and the developing imagination. *Teachers College Record*, 36(12), 346.

Singer, J. L. & Singer, D. G. (1986). Television-viewing and family communication style as predictors of children's emotional behavior. *Journal of Children in Contemporary Society*, 17(4), 75–91.

Singer, J. L. & Singer, D. G. (2010). Family experiences and television viewing as predictors of children's imagination, restlessness, and aggression. *Journal of Social Issues*, 42(3), 107–124.

Sjölie, D., Bodin, K., Elgh, E., Eriksson, J., Janlert, L. E. & Lars, N. (2010). Effects of interactivity and 3D-motion on mental rotation brain activity in an immersive virtual environment. *Sigchi Conference on Human Factors in Computing Systems*, 869–878.

Small, G. W. & Vorgan, G. (2008). iBrain: Surviving the technological alteration of the modern mind (p. 20). New York: Collins Living.

Sowell, E. R., Bradley, S. P., Thompson, P. M., Welcome, S. E., Henkenius, A. L. & Toga, A. W. (2003). Mapping cortical change across the human life span. *Nature Neuroscience*, 6, 309–315.

Speily, O. R. B. & Kardan, A. A. (2018). Increasing Information Reposting Behavior in Online Learning Community. *Educational Technology & Society*, 21(4), 100–110.

Spence, J. D. (1985). *The memory palace of Matteo Ricci* (p. 1). Harmondsworth: Penguin Books.

Sperry, R. W. (1968). Hemisphere deconnection and unity in conscious awareness. *American Psychologist*, 23(10), 723.

Srivastava, J. (2013). Media multitasking performance: Role of message relevance and formatting cues in online environments. *Computers in Human Behavior*, 29(3), 888–895.

Sternberg, R. J. & Lubart, T. I. (1999). The concept of creativity: Prospects and paradigms. *Handbook of Creativity*, 1, 3–15.

Strasburger, V. C., Hogan, M. J., Mulligan, D. A., Ameenuddin, N., Christakis, D. A., Cross, C. & Moreno, M. A. (2013). Children, adolescents, and the media. *Pediatrics*, 132(5), 958–961.

Stuart. Wolpert (2016). The teenage brain on social media. Retrieved from: http://

newsroom. ucla. edu/releases/the-teenage-brain-on-social-media

Subrahmanyam, K. & Greenfield, P. M. (2008). Virtual worlds in development: Implications of social networking sites.

Subrahmanyam, K. & Renukarya, B. (2015). Digital games and learning: identifying pathways of influence. *Educational Psychologist*, 50(4), 335-348.

Suglia, S. F., Duarte, C. S., Chambers, E. C. & Boyntonjarrett, R. (2013). Social and behavioral risk factors for obesity in early childhood. *Journal of Developmental & Behavioral Pediatrics Jdbp*, 34(8), 549.

Subrahmanyam, K. & Greenfield, P. M. (1994). Effect of video game practice on spatial skills in girls and boys. *Journal of Applied Developmental Psychology*, 15(1), 13-32.

Suh, S., Kim, S. W. & Kim, N. J. (2010). Effectiveness of MMORPG-based instruction in elementary English education in Korea. *Journal of Computer Assisted Learning*, 26(5), 370-378.

Sun, J. A., Bailenson, J. N. & Park, D. (2014). Short- and long-term effects of embodied experiences in immersive virtual environments on environmental locus of control and behavior. *Computers in Human Behavior*, 39, 235-245.

Tachi, S. (2016). Embodied media: expanding human capacity via virtual reality and telexistence (keynote). *ACM International Conference on Multimodal Interaction* (pp. 3). ACM.

Takeuchi, H., Taki, Y., Hashizume, H., Asano, K., Asano, M. & Sassa, Y., Yokota, S. Kotozaki, Y, Nouchi R. & Kawashima R. (2015). The impact of television viewing on brain structures: cross-sectional and longitudinal analyses. Cerebral Cortex, 25(5), 1188-1197.

Tapscott, D. (2009). Grown up digital. Boston: McGraw-Hill Education.

Tausczik, Y. R. & Pennebaker, J. W. (2012, February). Participation in an online mathematics community: differentiating motivations to add. In *Proceedings of the ACM 2012 conference on computer supported cooperative work* (pp. 207-216). ACM.

Tay, E., Allen, M. (2011). Designing social media into university learning: technology of collaboration or collaboration for technology. *Educational Media International*, 48(3), 151-163.

Teshima Y. J. & Kosigi D. (2009). A Development of Educational Materials for Children Using Augmented Reality. Institute of Electronics, Information and Communication Engineers, 2067-2071.

Titus-Ernstoff, L., Dalton, M. A., Adachi-Mejia, A. M., Longacre, M. R. & Beach, M. L. (2008). Longitudinal study of viewing smoking in movies and initiation of smoking by children. *Pediatrics*, 121(1), 15-21.

Tobias, S. & Everson, H. T. (2009). *The importance of knowing what you know: A knowledge monitoring framework for studying metacognition in education*. In D. L. Hacker, J. Dunlosky & A. Graesser (Eds.), Handbook of metacognition in education. NewYork: Routledge, Taylor, and Francis.

Tomopoulos, S., Brockmeyer Cates, C., Dreyer, B. P., Fierman, A. H., Berkule, S. B. & Mendelsohn, A. L. (2014). Children under the age of two are more likely to watch inappropriate background media than older children. *Acta Paediatrica*, *103*(5), 546–552.

Tompkins, G. E. (2008). *Literacy for the 21st Century: A Balanced Approach*, 5th Edition. Boston: Allyn & Bacon.

Tönnies, F. (1887). *Community and Society* (Gemeinschaft und Gesellschaft). New York, NY Harper & Row.

Tortora, G. J. & Derrickson, B. (2017). *Principles of anatomy & physiology*. John Wiley & Sons, Incorporated.

Turkle, S. (1996). *Life on the screen: Identity in the age of the Internet*. London: Phoenix.

Urry, J. (2004). The 'system' of automobility. *Theory, Culture & Society*, *21*(4–5), 25–39.

Valkenburg, P. M. & Beentjes, J. (2010). Children's creative imagination in response to radio and television stories. *Journal of Communication*, *47*(2), 21–38.

Valkenburg, P. M. & Calvert, S. L. (2012). Television and the child's developing imagination. In D. Singer & J. Singer (Eds.), *Handbook of children and the media* (2nd ed., pp. 157–170). Thousand Oaks, CA: Sage.

Valkenburg, P. M. & Peter, J. (2013). The differential susceptibility to media effects model. *Journal of Communication*, *63*, 221–243. doi: 10.1111/jcom.12024

Valkenburg, P. M. & Van der Voort, T. H. A. (1994). Influence of television on daydreaming and creative imagination: A review of research. *Psychological Bulletin*, *116*, 316–339.

Van der Aa, N., Overbeek, G., Engels, R., Scholte, R., Meerkerk, G. J. & van den Eijnden, R. (2009). Daily and compulsive internet use and well-being in adolescence: a diathesis-stress model based on big five personality traits. *Journal of Youth and Adolescence*, *38*, 765–776.

Van Praag, H., Kempermann, G. & Gage, F. H. (2000). Neural consequences of enviromental enrichment. *Nature Reviews Neuroscience*, *1*(3), 191.

Veletsianos, G. & Shepherdson, P. (2015). Who studies MOOCs? Interdisciplinarity in MOOC research and its changes over time. *The International Review of Research in Open and Distributed Learning*, *16*(3).

Vijakkhana, N., Wilaisakditipakorn, T., Ruedeekhajorn, K., Pruksananonda, C. & Chonchaiya, W. (2015). Evening media exposure reduces night-time sleep. *Acta*

Paediatrica, 104(3), 306–312.

Visser, S. N., Danielson, M. L., Bitsko, R. H., Holbrook, J. R., Kogan, M. D., Ghandour, R. M., ... & Blumberg, S. J. (2014). Trends in the parent-report of health care provider-diagnosed and medicated attention-deficit/hyperactivity disorder: United States, 2003–2011. *Journal of the American Academy of Child & Adolescent Psychiatry*, 53(1), 34–46.

Vossen, H. G. M. & Valkenburg, P. M. (2016). Do social media foster or curtail adolescents' empathy? A longitudinal study. *Computers in Human Behavior*, 63, 118–124.

Wade, S. E. & Fauske, J. R. (2004). Dialogue online: Prospective teachers' discourse strategies in computer-mediated discussions. *Reading Research Quarterly*, 39(2), 134–160.

Walter, K. (2018, June 14). Re: Virtual Reality a Better Tool for Memory Recall. Retrieved Nov. 09, 2018, from https://www.rdmag.com/article/2018/06/virtual-reality-better-tool-memory-recall

Wang, Q., Woo, H. L., Quek, C. L., Yang, Y. & Liu, M. (2012). Using the Facebook group as a learning management system: An exploratory study. *British Journal of Educational Technology*, 43(3), 428–438.

Wen, L. M., Baur, L. A., Rissel, C., Xu, H. & Simpson, J. M. (2014). Correlates of body mass index and overweight and obesity of children aged 2 years: findings from the healthy beginnings trial. *Obesity*, 22(7), 1723–1730.

Wenger, E. (1999). *Communities of practice: Learning, meaning, and identity*. Cambridge university press.

Werker, J. F., Gilbert, J. H., Humphrey, K. & Tees, R. C. (1981). Developmental aspects of cross-language speech perception. *Child Development*, 52, 349–355.

Wethington, H., Pan, L. & Sherry, B. (2013). The association of screen time, television in the bedroom, and obesity among school-aged youth: 2007 National Survey of Children's Health. *Journal of School Health*, 83(8), 573–581.

Winpenny, E. M., Marteau, T. M. & Nolte, E. (2014). Exposure of children and adolescents to alcohol marketing on social media websites. *Alcohol & Alcoholism*, 49(2), 154–159.

Wiesel, T. N. (1982). Postnatal development of the visual cortex and the influence of environment. *Nature*, 299(5884), 583.

Wittwer, J. & Senkbeil, M. (2008). Is students' computer use at home related to their mathematical performance at school?. *Computers & Education*, 50(4), 1558–1571.

Wohn, D., Velasquez, A., Bjornrud, T. & Lampe, C. (2012, May). Habit as an explanation of participation in an online peer-production community. In *Proceedings of the SIGCHI Conference on Human Factors in Computing Systems* (pp. 2905–2914). ACM.

Won, A. S., Bailenson, J., Lee, J. & Lanier, J. (2015). Homuncular flexibility in virtual reality. *Journal of Computer-Mediated Communication*, 20(3), 241-259.

Wooldridge, M. & Jennings, N. (1995). Intelligent Agents: Theory and practice. *The Knowledge Engineering Review*, 10(2),115-152. doi: 10. 1017/S02698889 00008122

Yang, Y. J. D., Allen, T., Abdullahi, S. M., Pelphrey, K. A., Volkmar, F. R. & Chapman, S. B. (2017). Brain responses to biological motion predict treatment outcome in young adults with autism receiving virtual reality social cognition training: Preliminary findings. *Behaviour Research and Therapy*, 93,55-66.

Yerkes, R. M. & Dodson, J. D. (1908). The relation of strength of stimulus to rapidity of habit-formation. *Journal of Comparative Neurology and Psychology*, 18(5),459-482.

Yeykelis, L., Cummings, J. J. & Reeves, B. (2014). Multitasking on a single device: Arousal and the frequency, anticipation, and prediction of switching between media content on a computer. Journal of Communication, 64, 167 - 192. doi: 10.1111/jcom. 12070

Zabelina, D. L. & Beeman, M. (2013). Short-term attentional perseveration associated with real-life creative achievement. *Frontiers in Psychology*, 4,191.

Zabelina, D. L. & Robinson, M. D. (2010). Creativity as flexible cognitive control. *Psychology of Aesthetics Creativity and the Arts*, 4(3),136-143.

Zack, E., Gerhardstein, P., Meltzoff, A. N. & Barr, R. (2013). 15-month-olds' transfer of learning between touch screen and real-world displays: language cues and cognitive loads. *Scandinavian Journal of Psychology*, 54(1),20-25.

Zarzuela, M. M., Díaz-Pernas, F. J., Calzón, S. M. &González-Ortega, D. (2013). Educational tourism through a virtual reality platform. *Procedia Computer Science*, 25, 382-388.

Zhang, W., Jeong, S. H. & Fishbein, M. (2010). Situational factors competing for attention. *Journal of Media Psychology*.

Zhang. J. (2012). "Fragmentation" and Educational Research: Interview with Professor Thomas S. Popkewitz, University of Wisconsin Madison. *Global Education*, (10),2.

Zimmerman, F. J. & Bell, J. F. (2010). Associations of television content type and obesity in children. *American Journal of Public Health*, 100(2),334-340.

Zimmerman, F. J. & Christakis, D. A. (2005). Children's television viewing and cognitive outcomes: a longitudinal analysis of national data. *Archives of Pediatrics & Adolescent Medicine*, 159(7),619.

(美)埃瑟·戴森著.(1998).数字化时代的生活设计.胡泳,范海燕译.海口:海南出版社.

(丹)安徒生(H. C. Andersen)著.(1978).天国花园.叶君健译.上海:上海译文出版社.

蔡苏,王沛文,杨阳 & 刘恩睿.(2016).增强现实(AR)技术的教育应用综述.远程教育杂志(5),27-40.

曹培杰 & 余胜泉.(2012).数字原住民的提出、研究现状及未来发展.*电化教育研究*(4),21-27.

陈春丽.(2008).电视对儿童认知发展的影响.*甘肃科技*(08),175-176+139.

陈民.(2016).*校园物联网节能控制系统的设计与实现*(硕士学位论文,中国地质大学(北京)).

陈童.(2016).动漫对低幼儿认知心理发展的正向作用——以本土化亲子动漫《竹兜和朋友们》为例.*新闻研究导刊*(07),179-180.

陈研.(2017).基于大数据多 Agent 的网络英语自主学习平台的有效机制研究.*情报科学*(06),115-119.

陈越红,姜帆 & 彭筱媛.(2018).多维框架下的虚拟现实电影形态及未来发展探究.*当代电影*(09),128-132.

丁倩,周宗奎 & 张永欣.(2016).大学生社交网站使用与依赖:积极自我呈现的中介效应与关系型自我构念的调节效应.*心理发展与教育*(6),683-690.

(美)杜威(Dewey,J.)著.(2004).*确定性的寻求:关于知行关系的研究*.傅统先译.上海:上海人民出版社.

杜芸普 & 周三元.(2003).一种基于多 Agent 的合作智能教学系统模型方法.*沈阳工业大学学报*,(03),247-249+260.

北京师范大学认知神经科学与学习国家重点实验室.(2018).Re:中国儿童青少年脑智研究全国联盟全国协作研究进展交流暨"讯飞教育脑计划"发布会在北师大召开.2018-07-14,摘录自 http://www.bnu.edu.cn/ttgz/103303.htm

郭朝晖,王楠 & 刘建设.(2016).国内外自适应学习平台的现状分析研究.*电化教育研究*(04),55-61.

郝兆杰.(2011).微博在"C 程序设计"教学中的应用研究.*中国电化教育*(01),101-105+109.

贺金波,洪伟琦,鲍远纯 & 雷玉菊.(2012).网络成瘾者的大脑异于常人吗?.*心理科学进展*(12),2033-2041.

胡钦太,郑凯,胡小勇 & 林南晖.(2016).智慧教育的体系技术解构与融合路径研究.*中国电化教育*(01),49-55.

黄佩 & 王梦瑶.(2015).人与时空的融合:可穿戴设备时代的青年交往.*中国青年研究*(07),11-14.

黄荣怀.(2009).中小学数字校园的建设内容及战略重点.*北京教育*(普教版)(08),6-7.

黄荣怀,杨俊锋 & 胡永斌.(2012).从数字学习环境到智慧学习环境——学习环境的变革与趋势.*开放教育研究*(01),75-84.

黄铜城 & 许建明.(2005).基于 Multi-agent 的智能远程教育平台研究.*邵阳学院学报(自然科学版)*(04),45-48.

黄彦科,黄铮,高武红 & 蒋学明.(2018).语前期及学前期儿童媒体暴露对其语言能力的影响.*包头医学院学报*(07),81-82+85.

顾海燕.(2016).论社交网络与在线学习共同体的构建模式.*继续教育研究*(01),13-15.

纪河 & 徐永珍.(2011).成人网络学习的心理因素分析.中国远程教育(02),36-40.

(美)基思・索耶主编.(2010).剑桥学习科学手册.徐晓东等译.北京:教育科学出版社.

贾凌玉,章国英 & 施称.(2016).基于微信公众平台和微社区的医学英语阅读翻转课程的设计与实践.外语电化教学(02),65-69+34.

贾鹏 & 姚家新.(2005).电子竞技运动:基于虚拟现实的认知博弈.武汉体育学院学报(01),36-39.

蒋志辉,赵呈领 & 李红霞.(2016).基于微信的"多终端互动探究"学习模式构建与实证研究.远程教育杂志(06),46-54.

教育信息化协同创新中心.(2014)."国际教育信息化发展研究"项目成果发布会在北京师范大学举行.2019-2-20,摘录自 http://cicet.ccnu.edu.cn/info/1076/2538.htm

雷显梅,刘艳虹 & 胡晓毅.(2016).运用体感游戏干预自闭症儿童动作技能的研究.现代特殊教育(10),36-42.

李卢一 & 郑燕林.(2010).物联网在教育中的应用.现代教育技术,(02),8-10.

李芒,乔侨 & 李营.(2017).交互式媒体教学应用策略的发展研究.中国电化教育(05),62-67.

李鹏程.(1994).当代文化哲学沉思.北京:人民出版社.

李青燕.(2017).中小学创客教育的教学现状及其影响因素调查研究(硕士学位论文,西南大学).

李伟.(2009).电脑游戏对中小学生创造性倾向的影响研究.现代教育技术,(07),73-77.

李艳红 & 樊同科.(2017).基于Agent的远程智能教学系统模型设计.电子设计工程(02),22-25+30.

李艳玮 & 李燕芳.(2010).儿童青少年认知能力发展与脑发育.心理科学进展(11),1700-1706.

李志河 & 师芳.(2016).非正式学习环境下的场馆学习环境设计与构建.远程教育杂志(06),95-102.

凌茜,秦润山 & 郭俊利.(2016).西北少数民族学生基于微信平台学习英语的自我效能感研究.外语电化教学(05),34-38.

刘海韬,尚君 & 吴旭.(2016).可穿戴技术对智慧教学环境构建的启示.中国电化教育(10),57-61.

刘洁 & 蒋承志(2015).从"文章出轨"批判看网络社交媒体对社会认知的影响.新闻传播,(02),81+83.

刘敏 & 钟柏昌.(2011).计算机游戏对玩家认知能力影响的研究综述.*Advances in Education*,01(1),18-23.

刘世清.(2000).网络时代人类获取和加工信息的新模型.中国电化教育,(04):11-13.

刘思耘,周宗奎 & 李娜.(2015).网络使用经验对动作动词加工的影响.心理学报(08),992-1003.

鲁旭.(2016).*网络媒体交互设计的易用性研究*(硕士学位论文,吉林大学).

雒亮 & 祝智庭.(2015).创客空间2.0:基于O2O架构的设计研究.开放教育研究(04),

35-43.

(美)马斯洛著.(1987).动机与人格.许金声,程朝翔译.北京:华夏出版社.

牟书,宋灵青.(2014).现代技术与教育心理学.南京:东南大学出版社.

宁婧怡.(2016).社会认知理论视角下的社交媒体健康信息传播研究.新西部(理论版),(19),83-84.

彭聃龄,丁朝蓬,姜涛＆唐克西.(1997).电视与儿童认知发展.北京师范大学学报(社会科学版)(01),19-29.

钱颖.(1986).论学习动机.应用心理学(01),28-29.

邱艺,谢幼如,李世杰＆黎佳.(2018).走向智慧时代的课堂变革.电化教育研究(07),70-76.

阮若林.(2005).Internet上基于多Agent的智能学习过程研究.咸宁学院学报(03),72-74.

尚俊杰＆萧显胜.(2009).游戏化学习的现在和将来——从GCCCE 2009看游戏化学习的发展趋势.远程教育杂志(05),69-73.

宋玉琳＆肖俊洪.(2017).再谈移动学习——访英国移动学习教授约翰·特拉克斯勒.中国远程教育(11),43-46+62.

唐承鲲＆徐明.(2015).基于社交媒体合作学习效果的影响要素与实现机制分析.远程教育杂志(06),32-38.

唐卉.(2013).激发和维持网络学习动机的策略分析.电子制作(13),96-97.

(美)唐·泰普斯科特著.(2009).数字化成长.云帆译.北京:中国人民大学出版社.

(美)唐·伊德著.(2012).技术与生活世界:从伊甸园到尘世.韩连庆译.北京:北京大学出版社.

汤胤,徐永欢＆张萱.(2016).基于社会认知理论的社交媒体用户转发行为研究.图书馆工作与研究(06),68-76.

涂涛＆李文.(2015).新媒体与未来教育.中国电化教育(01),34-38.

王柏岩＆奚晓霞.(2018).基于学习共同体的农村中小学网络课业辅导模式研究.中国教育技术装备(08),4-9.

王辞晓.(2018).具身认知的理论落地:技术支持下的情境交互.电化教育研究(07),20-26.

王美倩＆郑旭东.(2016).在场:工具中介支持的具身学习环境现象学.开放教育研究(01),60-65.

王如.(2013).学龄前儿童书籍设计的探究(硕士学位论文,辽宁师范大学).

王同聚.(2016).基于"创客空间"的创客教育推进策略与实践——以"智创空间"开展中小学创客教育为例.中国电化教育(06),65-70+85.

王伟东＆金义富.(2015).一对一数字化互动反馈智能课堂学习环境研究.中国电化教育(07),55-59.

王文婷.(2013).感知觉在国内幼儿书籍设计中的应用研究(硕士学位论文,西安建筑科技大学).

王英彦,杨刚＆曾瑞.(2010).在线学习者的激励机制分析与设计.中国电化教育(03),

62-66.

王佑镁 & 陈赞安.(2016).从创新到创业：美国高校创客空间建设模式及启示.*中国电化教育*(08),1-6.

韦艳丽,钱朝阳 & 张懿丹.(2017).认知模式下新媒体艺术交互形式研究.*艺术百家*(01),235-236.

韦钰.(2017).院士盼了二十年,这个心智、脑科学、教育的跨学科平台终成立.2018-05-01,摘录自 http://www.sohu.com/a/144421387_507588

吴永和,刘晓丹,仲娇娇 & 李彤彤.(2017).创客教育课程设计与应用——以华东师范大学2015级研究生创新课程为例.*现代远程教育研究*(01),88-94.

夏娇.(2018).远程教育中教学媒体的交互性研究.*中国成人教育*(02),105-108.

邢郁.(2012).甘肃省交互式电子白板教学应用中存在的问题与改进对策研究(硕士学位论文,西北师范大学).

杨文阳 & 胡卫平.(2015).CSCL中学习动机对知识获取和学习活动影响的实证研究.*电化教育研究*(02),32-37.

尹玉香.(2015).浅谈情感资源在高中英语教学中的应用.*内蒙古教育*(05),7.

余腊生 & 彭杜葳.(2008).基于Agent的智能化学习平台的研究.*计算机应用与软件*(02),99-102.

余燕芳 & 葛正鹏.(2014).终身学习平台建设的理念与架构——从Web2.0到Web3.0.*电化教育研究*(08),57-63.

张剑平,陈天云 & 王利兴.(2004).网络协作学习中的智能代理模型研究.*电化教育研究*(05),42-46.

张玲慧 & 王蔚.(2008).电子游戏在青少年教育中的应用现状及存在的问题.*软件导刊(教育技术)*(10),31-34.

张美霞.(2017).新媒体技术支持下的场馆建设与场馆学习——以现代教育技术博物馆为例.*中国电化教育*(02),20-24.

赵仑 & 高文彬.(2007).网络成瘾患者早期面孔加工N170的研究.*航天医学与医学工程*(01),72-74.

赵忠平.(2010).基于Agent的智能化学习模型研究.*中国教育信息化*(09),64-65.

郑亚冰.(2011).电影声音与画面的协同性研究(硕士学位论文,哈尔滨工业大学).

钟志贤.(2004).教学设计的宗旨：促进学习者高阶能力发展.*电化教育研究*(11),13-19.

周海波.(2018).基于自适应学习平台促进学生个性化学习的研究.*电化教育研究*(04),122-128.

朱素平.(2006).个体创造力的构成要素.*科技创业月刊*(10),140+147.

朱彦 & 章苏静.(2008).浅析教育游戏对学习者右脑发展的促进作用.*全国教育游戏与虚拟现实学术会议*.

祝智庭 & 贺斌.(2012).智慧教育：教育信息化的新境界.*电化教育研究*(12),5-13.

祝智庭 & 孙妍妍.(2015).无缝学习——数字时代学习的新常态.*开放教育研究*(01),11-16.